一瞬で良い変化を起こす

10秒・30秒・3分カウンセリング

すべての教師とスクールカウンセラーのために

半田一郎 著

ほんの森出版

はじめに

本書は、学校の日常生活のさまざまな場面で使える、カウンセリングの小さな工夫を集めたものです。

本書の特徴は、大きく以下の四点になります。

学校では、日常生活の中で子どもたちの成長を図るさまざまな教育活動が行われています。学校でのカウンセリングは、相談室やカウンセリング室の中だけで使われるととらえられがちですが、そうではありません。特に本書で取り上げているカウンセリングの小さな工夫は、授業中の教室や休み時間の廊下など、**「日常のさまざまな場面で活用できる」**ものです。

また、学校での子どもの支援はチームで行うことが当たり前になり、連携や協力が重視されています。そんなチーム援助全盛の時代ですが、本書ではチームでできることではなく、**「自分一人でできる」**工夫を集めています。

チーム援助は本当に大切で効果的なものですが、当然、今すぐに自分一人でできるものではありません。チームが機能するためには、人材も時間も必要です。しかし、学校現場で仕事をしていくためには、次の瞬間にも子どもを支援し、自分が支援者として機能していくことが求められます。その瞬間にはチームの助けはなかなか届きません。一方、自分自身で自分の言葉と行動を変えていくことはできるのです。

そして、**「ごく短い時間でできる」**工夫を提供します。10秒、30秒、3分という短い時間だからこそ、支援者自身が自分の言葉と行動を変化させ、子どもに適切な支援を提供して良い変化を起こしていけるのだと考えています。特別な練習やライセンスが必要な方法ではなく、知っていて、思い出すことさえできれば使えるものを集めました。

四点目の特徴として、本書で紹介している工夫は、ただの思いつきや偶然の産物ではなく、**「カウンセリングの考え方や理論に基づいた」**実践の中から試行錯誤的に生まれてきたものだということです。例えば、学校心理学の「子どもが問題状況に自分で対処していくことを支援する」という考え方が、すべての工夫の背景になっています。解決志向アプローチなどで重視される「リソースを活用する」ことも、小さな工夫の源になっています。他にも、認知行動療法の基本も踏まえています。

カウンセリングには、さまざまな理論や技法がありますが、「○○理論」そのものは、学校生活の中では活用しにくいものです。安全性に配慮しながら学校現場に合わせた形で、さまざまな理論を活用していくことが大切です。

なお、本書ではエピソード（事例）を紹介しつつ、かかわり方の工夫について提案しております。すべてのエピソード（事例）は、直接的・間接的にかかわりのあった事例から創作したもので、特定の個人に言及するものではありません。本書の焦点は事例にはなく、対応の工夫にあります。

本書の中の小さな工夫が、多くの先生方やスクールカウンセラーのみなさんに少しでも役に立つよう願っています。

二〇一六年一〇月

半田　一郎

一瞬で良い変化を起こす
10秒・30秒・3分
カウンセリング
も・く・じ

第2章　不登校・いじめへの支援

表紙イラスト：半田彩笑

第1章

日常の学校場面で

1-1 先生に言いつけにくる子どもへの支援

A子、小学校二年生。活発で学習にも意欲的。同級生に対しても積極的にかかわっていくタイプ。二年生に進級してから、「○○さんが××していました」などと、何かと友達のことを担任に言いつけにくるようになった。担任は、活発なA子だからこそ自分のことを自分でできるようになってほしいと願い、人のことよりも、自分のことをきちんとやるように指導してきた。しかし、指導しても、A子が言いつけにくることは減らなかった。それだけではなく、非難がましく友達に注意するようになり、注意された相手の子が泣いてしまうなど、友達間のトラブルになってきている。担任は、A子の言い方がきついことを指導しているが、言いつけにくることや友達を注意することは続いている。

小学校の低学年では、子どもたちは些細なことでも担任の先生に報告してくることが多いと思います。他の子どものことを言いつけにくる子どももいます。子どもの自立を促していくためには、通常、その子ども自身が自分のことをきちんとやるように行動を促す働きかけをしていくこ

と思います。しかし、教師からの働きかけが子どもの良い変化につながらない場合もあります。この事例では、A子の行動は必ずしも悪い行動とはいえません。しかし、それがトラブルのきっかけとなっているため、トラブルを防ぐためにも何らかの対応が必要だと思われます。どんなふうにかかわっていけばよいでしょうか。

10秒

「良いことをしている子を見つけて教えて」と投げかけてみる

A子の言動はトラブルのもとになっていますが、A子にはプラスの面やできていることがたくさんあります。例えば、A子は友達のことをよく見ているからこそ、友達のことを言いつけにくることができるわけです。何度も担任に言いにくることも、A子のできていることの一つです。わざわざ言いにくる行動からは、担任の先生に認めてほしいという気持ちもあると想像されます。こういった気持ちも、二年生という年齢を考えると、A子のプラスの面だと考えられます。

こういったできていることやプラスの面は「リソース」としてとらえられ、これらのリソースをうまく活用していくことが、有効な支援につながっていきます。

では、これらのリソースを活用した支援を考えてみましょう。

例えば、良いことをしている子を見つけて担任に報告するようにA子に働きかけてみるという支援があります。他の子どものことをよく見ているということと、教師まで言ってくることができるということを活用しています。A子に、次のように投げかけてみます。

「あなたは、友達のことをよく見ているから、それはすごいよね。だから今度は、良いことをしている子を見つけたら、先生にも教えてね。良いことをしている子を見つけるのは、意外と難しいよ～」

この働きかけがうまくいくかどうかは、やってみなくてはわかりません。指導がうまくいった場合には、A子は「○○さんが、××さんに消しゴムを貸してあげてたよ」などと、他の子どもの良いことを報告してくれます。そこで、良いことを報告してくれたということを、きちんとほめてあげたいと思います。「ちゃんと、友達の良いところを見つけられるのはすごいね。教えてくれて先生もうれしいなぁ」などと、しっかりとほめることが大切です。

しかし、この働きかけがうまくいかなかった場合は、どうなるでしょうか。その場合でも、それほど困った事態にはなりません。うまくいかなくても、今までと同じようなことが起きるだけです。

こんなふうに、リソースを活用した支援は、支援が逆効果になる危険性が低いため、実施しやすいという特徴があります。

こらむ1　リソース

リソース（resource）とは、辞書を引くと、資源という意味が出てきます。カウンセリングなどの対人支援の領域では非常に重要性が高い概念です。資源という言葉で語られることもありますが、リソースというカタカナで使われることが多いと思います。

一般には、リソースはプラスの面、プラスの行動、プラスの資質という意味で使われます。黒沢（二〇一二）では、「リソースとは資源・資質です。そこにあるものがリソースです。（中略）リソースは『売り』であり『強み』でもあります」と書かれています。例えば、得意な科目や特技、趣味など目立つような特別な良い何かがリソースとして扱われることが多いように感じます。

しかし、もともとリソースは資源という意味ですから、「使える」という点が大切です。使えるものであれば、特別な良い何かである必要はありません。小さなことでも、当たり前のことでも、支援に活用できるものはリソースです。例えば、日本語が理解できることもカウンセリングでは重要なリソースです。日本語が理解できるから聞いたり話したりすることができて、カウンセリングが進んでいくのです。

30秒

「あなたが良いことをしたときに教えて」と働きかける

また、「担任の先生に認めてほしい」という気持ちを手がかりにして、A子に投げかけてみることができます。大人に認めてほしいというのは、子どもにとってごく自然で健康な気持ちです。友達の良いことを報告できるのはすばらしいのですが、A子は、もっとストレートに自分を認めてほしい気持ちを表現してもいいと思われます。自分をストレートに表現できるようなきっかけになるような働きかけを工夫してみるのも有効な方法です。

例えば、「○○さんが消しゴム貸してあげてたんだね。○○さんもステキな子だけど、A子さんも良いところがいっぱいあるでしょ。『私も今日、こんな良いことしました』って、A子さんの良いところを先生に教えて」という働きかけが可能です。もし、その場で良いことを教えてくれたらば、すぐに、「やっぱりA子さんもちゃんと良いことしてたんだね。そういうのステキだね。また教えてね」とほめてあげることができます。

その場で思いつかなくても、「良いことをしているでしょ」と働きかけることは、A子自身を認めているというメッセージになります。思いつかなかったり、見つからなくても、その投げかけ自体がA子自身の支えになるのです。そして、「また今度教えてね」と投げかけて終わりにしておけば、また、次につながっていきます。

3分

帰りの会でほめる

「良いことをしている子を見つけたら教えて」という働きかけで、何らかの報告があれば、さらに支援をつなげていくことができます。それは、帰りの会で学級の全員の前でほめるという方法です。その場合には、良いことをしていた子どもだけではなく、A子のこともしっかりほめることが大切です。

例えば、「今日、A子さんが先生に、『○○さんが良いことしてました』って教えてくれました。消しゴムを××さんに貸してあげてたんだって、優しいねぇ。それを、ちゃんとA子さんが見ていて、先生に教えてくれました。そういうことに気づくA子さんもステキだねぇ。先生はとってもうれしい気持ちになりました」などと、二人をほめてあげることができます。

人の良いところを見つけることは、さらに次の良いことにつながっていくものです。こういった働きかけは、学級の中で、他の子どもの良いところを見つける意識が広がってくることにつながります。

1-2

担任の指示にまったく従わない子どもへの支援

A男、中学校二年生。怠学傾向があり、担任との関係が非常に悪くなっている。授業や課題に熱心ではなく、遅刻して登校してくることが多い。理科と数学は本人の中では得意で、授業にもある程度参加している。特に理科の実験は大好きで、熱心に参加することが多い。しかし、それ以外の科目では、机に突っ伏していたりすることが多い。

特に担任が担当している授業では態度が悪く、担任の指示にはまったく従わない。「起きてー」

などと軽く注意すると、担任をにらんできたり、「ウザい」などとつぶやくように言うことが多い。強い口調で「授業に参加しなさい」などと個別に指導すると、「うるせー」などと反発する。以前には教師につかみかかってきたこともあったが、最近は、教室から出て行ってしまう。また、担任が個別指導をしようとしても、まったく従わず、呼び止めるとどんどん逃げるように離れて行ってしまう。保健室にはよく訪れており、体調不良を訴えて授業中も教室に戻らないことが多い。本人の気分が落ち着いたときに関係が良好な教師が話をしても、態度を改めるように指導しようとすると黙りこくってしまい指導がうまく入らない。

学校で子どもが問題行動を起こした場合、不適切な行動を注意したり叱ったりして、その行動をやめさせる、あるいは繰り返さないようにさせるという指導を行うものです。そういった指導を受けて、子どもが反省して、不適切な行動を繰り返さないようになることも多いと思われます。しかし、不適切な行動をやめさせようとして注意したり叱ったりする指導を繰り返し行っても、その行動がいっこうに減らないという事態も生じがちです。この場合、こちらの指導と子どもの行動が悪循環に陥っていて、指導すればするほど、子どもの不適切な行動が引き出されてしまうという状況になっていることが多いと思われます。

ところで、学級の担任は、不適切な行動に対して指導せざるを得ない立場にあるため、指導すればするほど子どもとの関係が悪くなり、子どもが不適切な行動を繰り返すという悪循環に陥ってしまいがちなものです。すでに悪循環に陥っている場合には、不適切な行動を減らすことよりも、適切な行動を増やしていくことを考えるほうが子どもの良い変化につながります。単純ですが、良い行動を見つけて、肯定的なフィードバック（ほめる）を続けていくことが基本です。

10秒

さりげなくほめる

Ａ男のように、こちらのかかわりに対する反発が強い場合でも、適切な行動はたくさんあるはずです。例えば、理科の実験に熱心なことは適切な行動です。学校へ来ていることも、ごく当たり前の行動ですが適切な行動です。理科と数学の授業にはある程度参加していることも、指導されて感情的になっても暴力をふるわず教室を出て行くことも、適切な行動だといえます。当たり前の行動であっても、適切な行動ができているということは、非常に重要なことなのです。

そしてこれら以外にも、Ａ男が知らず知らずに行っている適切な行動がたくさんあるのではないかと思われます。例えば、給食は残さず食べているかもしれません。給食の準備は手伝うのかもしれません。保健室で体温を測ったあとに、体温計をきちんと元に戻しているかもしれません。もし、Ａ男が不適切な行動しか行っていないのであれば、学校生活がすでに完全に破綻しているはずです。本人が「適切に行動しよう」などと意識しないでも行動できている適切な行動が、Ａ男の学校生活を支えているのです。そういった適切な行動が少しずつ広がっていくことが重要になります。したがって、適切な行動をできるだけたくさん発見し、それに対して肯定的なフィードバックを行っていくことが大切になります。

例えば、机を離れたときにさっとイスを机に入れたという行動を見たときには、それを即座にほめることが大切です。「A男くんは、ちゃんとイスを入れてるね」とか「イスを入れて、きちんとしてるね」などとほめるとよいでしょう。

しかし、A男は、ほめ言葉にも「ウザい」などと反発してくるかもしれません。そういった反発は聞き流して、また別のチャンスにほめるということを繰り返します。

もし、一つ一つ反発されることが気になる場合には、もっとさりげなくほめることも一つの方法です。例えば、小さな声で「すばらしい」と言ったり、単純に「おー、いいね」などと言ってもよいと思います。表情で応えるという方法もあります。

また、別の工夫としては、A男に向かって言うのではなく、全体に向かってほめるようにします。A男が授業に出ているときに「授業に出ると知らず知らずに学んでいくから、まずは出席することが自分にプラスになるね」などと全体に言うのです。

なお、蛇足ですが、ほめるときには皮肉などを付け加えないことが大切です。「授業に出るのはすばらしいね」と言ったあとに「いつも出るといいんだけどね」などと付け加えてしまうと、逆効果になります。

30秒

他の先生がほめていたことを伝える

また、他の先生がほめていたということをA男に伝えるのも有効な方法です。例えば「○○先生が、A男くんのことを△▽ってほめてたよ」などと、伝えるのです。○○先生がほめていたということと、それを伝えてくれたということが二重にA男に伝わりますので、二重にほめられたような感じになります。A男のいないところでも、教師集団がA男のことを肯定的に受け止めていて、みんなでA男をサポートしている感じが少しずつ伝わっていくと思います。

この方法は、A男と関係の良い先生が伝えるよりも、関係の悪い先生が伝えることを実践するほうが効果的だと思います。担任とA男との関係が悪くなっている場合には、担任から他の先生がA男をほめていたことを伝えるようにするのです。他の先生が担任がほめていたことを伝えるのも一つの方法ですが、関係の良い先生はわざわざ他の先生を引き合いに出すまでもなく、自分の意思やとらえ方でA男をほめていけばそれでよいからです。担任が、自分の意思やとらえ方でA男をほめたとしても、A男から反発される可能性があり、支援する側としても心理的に負担が大きいかと思われます。「○○先生が△▽のことでほめてたよ」などと短く伝えた場合には、強い反発が生じることは少ないと思います。それだけ言って終わりでも構わないのです。

また、ややトリッキーな方法ですが、何でほめていたかを伝えない方法もあります。担任から「○○先生がほめてたけど、何のことだったかなぁ？」とA男に投げかけるのです。何でほめられたかわからなくても、ほめていたことは二重に伝わります。そして、A男には必ず疑問が生じます。「何のことでほめられたんだろう？」と自分を振り返ると思われます。こんなふうに疑問を持って考えることは、教科の学習で問題を解くことと同じで、記憶に残りやすくなります。ほめられているということがより印象に残るようになります。

さらには、ほめていたという○○先生に何をほめていたのかをA男が聞きにいったりするかもしれません。その聞きにいくという行動自体がすばらしい行動です。それだけではなく、A男が担任の言葉に影響を受けていることの証拠でもあります。担任も、ほめることでA男に良い影響を与えられることがわかります。ほめることが良い変化を促しているという自信を持って、どんどんほめていけばよいでしょう。

3分

ほめるときに、なぜそれが良いかの理由を言う

例えば、子どもがプリントの配付を手伝ってくれたときに「先生、助かるなぁ」というようにほめることがあると思います。しかし、子どもの中には、「先生を助けるために手伝っているわけじゃない」とか「先生は僕を使って楽をしようとしている」などと受け止める子どももいます。特に、すでに関係が悪くなってしまっている場合には、教師からほめられても、子どもが被害的に受け止める可能性が高いと考えられます。また、「えらいね」などとほめると、そのほめ方から上下関係を感じ取ってしまったり、子ども扱いされたように感じたりして、かえって反発する子どももいると思われます。

そういったほめ方よりも、子どもの立場に立って、その行動が子どもにとってどんなプラスがあるのかということを伝えることが効果的です。例えば、プリントの配付を手伝ってくれた場合には、「こういう手伝いができると、社会で成功できるよ」などとほめることです。

　A男が少しでも授業に参加しているときには、「授業に出てるだけで少しずつ頭に入っていくね」「授業でA男くんが自分の席に座ってると、存在感が伝わってくるね」などと、A男に伝えるのです。特にA男の場合は、理科と数学は得意とのことですので、何かを理解することは好きかもしれません。何がどう良いのかをA男が理解することも、A男の変化につながっていきます。

1-3

相談への動機づけの低い子どもとの面談

B男、高校一年生。遅刻が多い。授業中は、寝ないで座っているが、ノートは取らない。ボーッと何か考え事をしているようにも見える。テストは赤点ギリギリ。また、自分から教師に話しかけてくることはほとんどない。教師からの働きかけには、「はい」「わかりました」などと返事をするが、行動はともなわない。また、休み時間には友達と楽しそうに話をしたりしているが、昼食は一人で食べていることも多いようである。同級生によれば、休日に一緒に遊んだりすることはなく、B男は家でネットをしているのではないかとのこと。

　特別反発するわけではないのですが、全体に、やる気が低く、最低限度の活動を何とかこなしているような子どもも、学校では見かけることがあると思います。現状維持で学年が進んでいけばよいのですが、何らかのトラブルが生じてしまえば、そのままドロップアウトしてしまう可能性も危惧されます。また、学年の進行にともなって、学習に取り残されていってしまう危険性もあります。そうするとやはり、ドロップアウトの危険性を考えざるを得ません。

こういった生徒には、早い段階で何らかの支援を行っていくことが望ましいと思われます。教師への反発は強くないようですから、例えばスクールカウンセラーを利用することを勧めてみることも、有効な働きかけかと思われます。ただし、指示しただけでは、行動に移さないことも予想されるために、具体的な日程を先に確保しておくとか、相談室まで連れていくなどの、現実的かつ具体的な支援が必要かもしれません。

しかし、スクールカウンセラーにつながって、支援を行う場合にも、本人の問題意識や動機づけが低いことが予想されるので、支援の進行にも難しい面があると考えられます。

10秒

楽しかったことを聞く

担任に相談室に行くよう勧められて来談したわけですから、本人には、自分なりの問題意識がほとんどないと思われます。もちろん「何か相談したいことや困っていることってある？」などと確認してみてもいいとは思います。しかし、こういった場合には、「別に悩みとか困ったことなんかありません」などと返ってくることが多く、本人から自分の問題意識が語られる可能性は低いと思われます。

カウンセリングでは、本人が語る問題や悩みを聞かせてもらい、それについて一緒に考えていくことが基本的な関係になります。しかし、B男のような場合には、本人から問題意識が語られないので、一緒に話し合っていく題材や話題そのものがありません。つまり、B男とスクールカウンセラーには共通の話題がない状況に陥りがちなのです。共通の話題がない場合、スクールカウンセラーであっても、子どもにどのように働きかけたらいいか、何を聞いたらいいか、迷ってしまうことが多くなります。

そこで、こういった場合には、最近の楽しかったことを聞いてみることで共通の話題を探していくことをお勧めします。

例えば、B男に「最近、楽しいことって何かある？」と聞いてみます。もし楽しいことを語ってくれるのであれば、それを共通の話題として一緒に話していけばよいと思います。しかし、多くの場合、「えー、楽しいこと？　ないかなぁ……」との反応が出てくるでしょう。B男は、動機づけが低いわけですから、スクールカウンセラーに何かを話そうという気持ちも低いと予想されるため、ごく当然の想定範囲内の返事だと考えられます。

こちらからは、「何か楽しいことがあったらいいよねぇ」などと、楽しいことをB男と一緒に待っているような姿勢を言葉にして伝えてみることができます。それに対しても、投げやりな態度で、「どうせ楽しいことなんかありませんよ」という反応が返ってきた場合は、動機づけが低いというよりも、あきらめや無力感が強いような状態ではないかと判断されます。何らかの傷つき体験が背景にあると推測されます。そうしたら、少し驚きを表現しつつ、「えっ、そうなんだね。楽しいことなんて絶対にないでしょっ、てことだね」などと応えてみるのも一つの方法です。そして、本人の反応を見つつ、「よっぽど、いろいろ大変なことがあったのかなぁ…」とつぶやいてみたいような気がします。

反対に、何か楽しみを待っているような感じで、「楽しいことって、なかなかないんですよねぇ」などという反応が返ってきた場合は、「どんなことが起きたら、少しは楽しいかなあ?」などと、楽しみを待つ姿勢を一緒に共有できるように働きかけてみたいと思います。

30秒

こちらへの要望を聞く

B男は困ったことも悩んでいることもないとの姿勢ですので、B男の問題意識を聞いて一緒に考えていくという関係性をつくるのはなかなか難しいと思います。根掘り葉掘り、「本当は、困ったこととかあるんじゃない?」とか「ちょっとしたことでも悩んでることを話してみて」などと聞いても、ほとんどの場合、自分自身の問題意識を語ってくれることはないと思います。自分がどうしたいのか、何を求めているのかを考えることはやや高度なことで、心理的にも負担がかかるものです。そういったことからも、B男自身の問題意識がまだ十分ではないのかもしれません。

そこで、「先生に、ああしてほしいとか、こうしてほしいとか、何か要望みたいなものって、思いつく?」と、こちらへの要望を聞いてみることをお勧めします。

この質問をしても、「ない」という返事がほとんどです。しかし、この場合は、「えー、考えてみて…」などと、少し粘ってみてもよいと思います。自分の問題意識はしつこく質問されると自分自身をのぞき込まれているように感じがちで、拒否感や抵抗感を生じさせます。しかし、こちらへの要望を聞くことは、子どもの内面からは少し離れているので、抵抗感が少ないと考えられるからです。少し粘っても、要望が出てこない場合には、「思いついたら教えて」などと開いた形でこのやりとりを終わりにしてもよいと思います。

要望を聞くということは、こちらが子どもに「サポートするよ」という姿勢を伝えていくことになります。自分がサポートされるべき存在なのだと、改めて感じ取ってもらうことに意味があるのです。つまり、要望そのものは出なくても構わないのです。

なお、要望が出てきた場合には、その要望の背景にある支援の必要性（ニーズ）を理解し、一緒にニーズを解決していけるように考えることが必要です。

例えば「先生にこうしてほしいとか、要望みたいなものって思いつく？」と聞いてみたとき、「お金が欲しい」などという要望が出されることがあります。「お金が欲しい」というのは欲求（ワンツ）だと理解できます。「バカなことを言わないように」などと注意するのではなく、その背景にある支援の必要性（ニーズ）を理解するようにかかわっていくことが大切です。

例えば、「お金があったら、何をしたいの？」などと聞いてみるのです。「ゲームが欲しい」などといった答えが返ってくる場合があります。それでも、さらに「ゲームが欲しいのは理由があるの？」などと、それによって何を得ようとしているのかを重ねて聞いていきます。そうすると

「ストレスを発散したい」などと答えるかもしれません。「ストレスを発散したい」というのは、支援の必要性（ニーズ）だと考えられます。「お金が欲しい」というのは、共感することも応えることもできませんが、「ストレスを発散したい」という気持ちには共感できますし、一緒に考えていくこともできます。

こんなふうに、要望を聞くことを入り口にして、隠れたニーズを発見することが大切なのです。

こらむ 2　ワンツとニーズ

ワンツ（wants）とは欲求のことで、ニーズ（needs）とは社会的な観点から必要と判断できるものです（石隈、二〇一三）。ワンツとニーズは重なる部分が多いものですが、必ずしも一致しません。事例で紹介した「お金が欲しい」というのがワンツで、「ストレスを発散したい」というのがニーズだと理解できます。

学校などの子どもの支援の場面ではワンツに応えていくことは、適切ではないことも多いと思われます。また、一般に子どもは自分のワンツは意識することができますが、ニーズを意識することは難しいものです（田村、二〇一五）。そのため、ワンツを理解して、それについて検討することがニーズを探る一つのルートになります（石隈、二〇一三）。

3分

わざと脱線する

楽しかったことも、要望も出てこなかった場合や、それらについて話し終わってしまった場合には、Ｂ男自身の問題意識について話し合っていくことが難しくなります。その場合には、事前に得られた情報から考えられる問題について、こちらから主導して話し合っていくこともあります。

例えば、Ｂ男に「担任の先生が連れてきてくれたときに、『遅刻が多くて心配してます』って言ってたでしょう。遅刻が多くなってるの？」などと、こちらから話題として持ち出して話すことも多いと思われます。こういった場合は、このやりとりが続いたとしても、大人主導になって話すことになってしまって、Ｂ男から自分の意見や考えが出てこない状況にもなりがちです。そうすると「自分で考えないとダメだよ」などといったお説教をしてしまうかもしれません。Ｂ男が自分から問題意識を持って自分で考えることに逆行してしまいます。

こちら主導で話してしまっていることに気づいた場合は、重要な話題（遅刻が多いこと）からわざと脱線して、どうでもよい雑談をすることも一つの方法です。ひとしきり雑談をしてから、「あれ、本当は何の話してたんだっけ？」などと話すべき話題を忘れたふりをして、本人に聞いてみることをお勧めします。そうすると、かなりの確率で、「えー、遅刻の話？」などと消極的ではあっても話すべき話題にＢ男から戻ってきます。このやりとりには、Ｂ男自身の動きがほんの少し引き出された側面があります。

「あー、そうだった。自分のことだから、実はちゃんと考えてるね」などと、肯定的にフィードバックしておきたいと思います。

1-4 他の先生の悪口への対応

B子、小学校六年生。成績は中の上で、特に算数が得意。友達も多く、活発で目立つ子どもである。授業中に自分の関心のある話題が出ると、自分勝手に発言したり、他の子どもに話しかけたりすることがよくあり、教員から注意をされることが多い。注意されても、なかなかおしゃべりはやめられない。特に、音楽の授業では注意されることが非常に多い。

音楽は専科のY先生が担当しており、その授業での不満を休み時間などに担任に対して訴えてくる。例えば、B子が廊下で担任を見かけると、「Y先生は、他の子もおしゃべりしてるのに、私ばっかり注意してくる」などと大声で話しかけてくる。担任は、「B子さんばっかり注意してるってことはないと思うよ」「B子さんのことを心配して注意してるんだよ」などと答えるようにしている。しかし、「あのおばさん（Y先生）は、私のことをすぐに決めつけてきて、なんでも私のせいにしてくる」などと不満は収まらない。「あのおばさん、音楽のことばっかりで、日本語がわからないんじゃねー?」などと、Ｙ先生に対する暴言ともいえる悪口に発展してしまうことがある。担任は、Ｂ子の態度を叱ることが多くなってしまい、Ｂ子との関係も悪化しつつある。

担任の先生が、Ｂ子から信頼を得ていて、Ｙ先生に対する批判や愚痴を聞いているのは大変すばらしいことです。

先生に対する批判を先生に対してするというのは、先生という同じ対象に向かって自分をぶつけているからです。ある程度、適切に自己主張ができていると考えられます。もし、先生に対する批判が同級生に向かうのであれば、大人に自分をぶつけられないのかもしれませんし、大人と信頼関係が持てていないのかもしれません。また、大人への批判が子ども同士で共有されるだけの場合も、子どもの中だけで大人への批判が膨らんだり、広がったりしてしまうという危険性も出てきます。

こういったことからも、先生に対して先生の批判を話してくれていることが非常に良いことだととらえられます。しかし、同僚を子どもから批判されるということは、先生方にとっては居心地が悪いものです。それだけに、どんなふうに子どもの批判を聞いていくかということは重要なことになります。

10秒

「それでそのあとはどうしたの？」と聞いてみる

Y先生という個人は一人ですが、その個人についての受け止め方は子ども一人一人でも違いますし、同僚の先生方一人一人でも違うはずです。つまり、受け止め方はさまざまになるはずです。したがって、B子の話がY先生についての話であれば、その話の受け止め方はB子と担任とでは、違いが出てくることも当たり前です。そういう違いを楽しんだり、考えを深める入り口にしていける状況であれば、違いについて話し合っていくこともよいと思われます。

しかし、Y先生に対する批判や愚痴を担任に訴えているB子にとっては、自分とは違うとらえ方が話に出てくると、自分が否定されたように感じてしまうと思われます。ですから、受け止め方の違いについて話し合っていくことは現状では難しいと言わざるを得ません。また、カウンセリングの焦点は話している人（クライエント）にあって、その話に登場する人物（この場合はY先生）にはありません。こういったことから、Y先生について話し合っていくことが重要ではなく、話しているB子自身について話し合っていくことが大切だといえます。

そのためには、Y先生がどういう行動をしたのかではなく、B子自身がどういう行動をしたのかということが話題になってくることが大切です。例えば、「私ばっかり注意してくる」とB子がY先生の行動を話題にしたあとに、「それでB子さんは、そのあとはどうしたの？」などと、B子自身の行動について聞いてみることが、一つの方法です。

「どうしたの？」の意味がわからないこともありますので、「注意されたあと、反論したとか、我慢して黙ってたとか、いろいろあるでしょ」などと、B子自身の行動を聞いているということがはっきりわかるように付け加えることも大切です。そうすると「黙って、何も言わなかった」などと自分の行動を教えてくれます。「じゃあ、叱られて反論したいという気持ちを、我慢したんだね」などと、B子自身に焦点を当てつつ対応することができます。

30秒

子ども自身の気持ちを言葉に

〈10秒〉のところにも書いたように、カウンセリングでの焦点はB子自身にあります。B子は、Y先生から注意されて、いろいろと不快な感情が動いたようですので、その感情も重要な焦点になります。感情を言語化できるように、こちらから問いかけてみることも一つの方法です。

例えば、「注意されたから腹が立ったんだね」などと投げかけてみます。B子の話の焦点が、自分自身に移ってきて、自分の気持ちを詳しく語ってくれれば、非常に良い展開です。こちらはそれを聞かせてもらうことが大切になります。

しかし、気持ちを問いかけてみても、「あの先生ムカつく」などと、自分自身ではなくY先生について話すことが続くこともあります。自分自身の感情がわかっていない場合や感情を言葉にするスキルがない場合などが考えられます。いずれにしても、B子自身が自分の感情とうまく付き合っていくことができない状態であると考えられます。だからこそ、「すごく腹が立ってるんだね」などと感情に焦点を当てたかかわりを粘り強く続け、B子が自分の感情とうまく付き合っていけるようにサポートすることが必要だといえます。

場合によっては、「思い出すだけで、腹が立つ気持ちがすごく出てくるんだね」などと、話をしている今現在の気持ちをフィードバックすることも一つの方法です。今現在の気持ちのほうがB子自身に生々しく感じられるため、子どもの心に響くからです。

3分

どんな反論をするか聞いてみる

もし、さらにB子の話を聞く時間があれば、どんな反論をするのかを聞いてみることも一つです。「それでそのあとはどうしたの？」と聞いてみて、「黙って、何も言わなかった」というB子の答えのあとや、「腹が立ってるんだね」などとB子の感情に焦点を当ててかかわったあとに、B子自身がY先生にどんな反論をするのかを聞いてみるのです。

例えば、「Y先生に自分の意見をきちんと伝えたの？」などと事実関係を聞くような雰囲気で聞いてみることも一つの方法です。それに対しては、子どもからは「自分の意見は言わない」とか「言えない」という反応が得られることが多いと思われます。さらに、「もし言うとしたら、どんなふうに自分の意見を言いたい？」などと具体的に聞いてみることが大切です。言いたい内容に子どもの気持ちが表れてくるため、それをもとに自分自身の感情について話し合っていくことができます。

また、言いたい内容が具体的にわからなかった場合でも、「もし言うとしたら」と考えてみることには意味があります。自分自身の意見があるということや、自分自身の意見を持ってよいのだということを暗示しています。「自分の意見がないとダメだよ」などと指摘するよりも、自分の意見を持つことを促すことになります。

また、何らかの答えが出てきても、それで十分だと考えずに、必ず「ほかにはどう？」「もしかしてほかにもありそう？」などと聞いてみることをお勧めします。実は、この質問は答えが得られることが重要なのではなく、聞くこと自体に意味があるのです。こちらの姿勢を伝える質問だからです。人の気持ちは複雑で、一人の人の心にもさまざまな考えや気持ちが含まれていることが多いものです。子どもであっても、今まで生きてきた歴史があり、内面には深みと広がりがあります。「あなたの内面にも深みと広がりがありますよ」という姿勢で子どもにかかわっていることを伝えていく質問なのです。

子どもにとっても、表面に出ている自分だけではなく、うまく出せていない自分にまで目を向けてもらえているという体験になります。それは、しっかりと支えられているという体験につながります。

なお、この「ほかには？」という質問で子どもの気持ちや考えを聞こうとする場合には、あたたかく丁寧に質問することが大切です。他人の内面にかかわっていくことは、勝手にドアを開けてのぞき込むのではなく、ドアをそっとノックして待つようなものだからです。

1-5 スクールカウンセラーに相談に行かせる場合の対応

C子、高校二年生。経済的な問題があり、アルバイトをしながら高校へ通っている。元気で明るく、友達も多い。休み時間には何人かの生徒と一緒におしゃべりをしている。教師とも関係が良く、楽しくおしゃべりをすることが多い。反面、当たり障りのない話題が多く、家庭や自分の話はしない。友達とも自分の話をせず、話を合わせているようである。高一では遅刻や欠席は少なく、成績はギリギリで単位を取ってきた。しかし、高二になってから、登校はいつもギリギリの時刻で、月に数回は一〇分程度の遅刻になる。

何らかの問題が生じているのではないかと考えた担任がC子に聞いてみるが、「別に何もありません」とのことである。担任は、スクールカウンセラーを利用するように勧めたいと思うが、断られると予測されるために、まだ働きかけはしていない。

C子のように、何とかギリギリでこなしているが、このままだと問題が大きくなってしまうのではないかという状況の場合には、スクールカウンセラーの利用を勧めたいと考えるのも自然です。特に教師とのかかわりが十分にとれない場合には、スクールカウンセラーという立場からまた違ったかかわりや支援ができるのではないかと期待を持つことも自然です。いい形でスクールカウンセラーにつなげられるように工夫したいものです。

10秒

「とりあえず一回行ってみたら」と勧める

子どもの場合、スクールカウンセラーという言葉は知っていても、スクールカウンセラーをちゃんと理解していることはあまりありません。よく知らないことから不安が生じるため、単純に勧めるだけでは、来談につながりにくいものです。そこで、時間を限定することで、不安を小さくしてみるという方法も良い方法です。

例えば、「一回だけ、一〇分間くらいの時間でお話ししてみたら」などと勧めてみることも一つです。「もし、必要なければその一回だけにしたらいいし。会ってみて決めたらいいと思うよ」などと、自分自身が判断するための材料を得るために一度会ってみるということを強調して伝えることがお勧めです。事例の場合、Ｃ子に「一回だけ、一〇分間会って話してみて、自分に合ってるか、必要かどうか考えてみて」などと働きかけてみると、スクールカウンセラーに来談する可能性は高くなります。

なお、「一〇分間程度」という時間設定は、子どもの立場から考えると、適切かと思われます。しかし、スクールカウンセラーによっては、それでは短すぎると思うかもしれません。事前にス

クールカウンセラーと打ち合わせをして、具体的な言葉や時間は決めておくことが必要です

30秒

「○○だから向いているらしい」と勧める

また、カウンセリングを利用したことがない人にとっては、カウンセリングは否定的なイメージと結びついていることが多いようです。だからこそ、本人のプラスの部分（リソース）と結びつけて、カウンセリングを勧めてみることも一つの方法です。

例えば、事例のC子は人とのかかわり方が上手ですので、「あなたは、友達もたくさんいるし、大人ともいい感じでかかわれるでしょ。カウンセリングって話したいことを話していくわけだから、あなたみたいな人には向いているらしいよ」などと勧めてみることができます。

勉強が得意な子どもであれば、「いろいろと考えることが得意でしょ、そういう人には、考えるきっかけになるからカウンセリングって向いてるんだって」などと勧めることができます。また、静かであまりしゃべらない子どもであれば、「あなたは、人に頼らないで自分でいろいろ考えるのが得意でしょ。カウンセリングも本質は自分で考えることだから、あなたみたいな人には向いているらしいよ」と勧めることができます。

本人のプラスの面を見つけ、そこをカウンセリングとつなげていくように働きかけます。一見、問題に見えるようなことをリフレーミングして、子どもの持つリソースとして意味づけると非常に効果的です。

3分

「○○の点でカウンセリングはあなたの役に立つ」と伝える

　カウンセリングを勧めるときに「○○が問題だから」「△▽が心配だから」などという理由を説明し、カウンセリングを勧めることが多いようです。これは、実は間違った勧め方です。単純な例ですが、「歯の磨き方が問題」で「虫歯が心配」でもカウンセリングを受けるように勧めることはありません。それらにはカウンセリングは役に立たないからです。つまり、役に立つからカウンセリングを勧めるものなのです。そのため、子どもにスクールカウンセラーへの来談を勧めるときにも、子どもの役に立つということを伝えて、勧めることが大切になります。

　当然のことですが、子ども自身のニーズに沿って、そのニーズに対して役に立つからスクールカウンセラーを利用するように勧めることが大切です。例えば、子どもが友達関係のことで困っていれば、「友達付き合いをよくするのに役に立つかもしれないから」などと勧めるわけです。

　しかし、C子の場合は何に困っているのかはっきりしません。単純にはC子のニーズに沿って勧めることは難しいように思われます。

　ところで、ニーズとは何でしょうか。ニーズは問題点や困難な事態ではありません。問題点や困難な事態をより良く解決しようとする子どもの気持ちや考えがニーズの本体です。こちらだけがとらえた問題の中にもニーズはありませんし、子どもが解決しようとしていないところには、ニーズはないのです。

この事例で言えば、C子の困っていることは明確ではありませんが、C子が頑張っているところにニーズがあることがわかります。C子には「あなたは、高一のときからいろいろと頑張ってきたでしょ。頑張る気持ちがある人にはカウンセリングは役に立つよ。ちょっとしたヒントが見つかるとあなたの役に立つと思うよ」などと勧めてみることができます。

1-6 教師への暴言への対応

C男、中学校二年生。学習についていけず、授業を抜け出して廊下や階段でウロウロしていることが多い。機嫌がいいときにはC男から教師に話しかけてきたり、教師の指示にも応えることができる。しかし気分の波が大きく、機嫌が悪いときには指示や指導にすぐに反発する。教師に反発してキレてしまって大声でわめいたり、教師につかみかかったりしてきたこともある。ある日、授業中に廊下の向こうから歩いてくるC男に遭遇した。二~三メートル離れたところまで来ると、C男はこちらをにらみつけてきた。そして「○○！　ウザっ！」と大声でこちらの名前を呼び捨てにして暴言を投げつけてきた。

こういう場合にいちばん大切なのは、指導する側の安全安心です。無理をして指導をしても、C男が反発して暴力行為を働き教師がケガをする事態になってしまうと逆効果です。指導が事故や事件につながってしまえば、それはC男の成長にとってマイナスになる可能性があります。正しい指導かどうか、効果がある指導かどうかよりも、指導する側の安全と安心が大切だといえます。その上で、どんな指導ならば効果が得られるのかを考えます。

10秒

「もう一回言ってみて」と穏やかに促す

指導する側の安全と安心は状況にも左右されますし、こちらの体格や性別、年齢にも左右されます。すべての場合に安全安心が保たれる方法はないのですが、どのような場合でも比較的安全安心につながりやすい働きかけを紹介します。

それは、もう一度言うように促すことです。例えば、C男が「○○！　ウザっ！」と言ってきたことを受けて、「もう一回言ってみて」と、穏やかに投げかけてみるのです。もし、暴言に対してこちらからは何も言わずにスルーすれば、C男がキレてしまう危険性はかなり低くなりますが、まったく指導にはならないかかわり方です。もう一度言うように促すかかわりは、暴言をスルーしてはいないのですが、中身や言い方にはまだかかわっていってはいません。それでも、C男にはかかわっていっています。非常に、中間的なかかわり方になります。C男が、いきなりキレてしまって事故や事件につながってしまう可能性はかなり低いと思われます。

実際のところ、強い指導をするかしないかという姿勢では、指導が行きすぎたり、指導をしなかったりという両極端に陥りがちです。中間的な指導を工夫するべきなのです。もう一度言うように促すにも、例えば「きちんと聞こえてるよ、もう一回言ってごらん」という言い方の場合は、「もう一回言ってみて」よりも強いかかわりになります。指導する人や状況に応じて、働きかけ方の強さを変えることができます。

また、この場面ではまずC男から暴言が出ています。教師の側はそれに反応させられる受け身の立場に立ってしまっています。二人が協力する関係にあれば、子どもの動きについていくことが望ましいのですが、この場合は協力する関係ではなく、対立する関係に陥りそうな状況です。そのため、動きについていくだけでは指導が後手に回ってしまう危険性があります。主導権を取り、C男をこちらに反応させる必要があります。そのために、わざわざもう一度言わせるように働きかけているのです。

それに、教師の側としても、ある程度きちんとかかわったということが精神衛生上、意味があります。何も言い返さないでスルーしてしまうと、子どもに負けたような感じになってしまい、あとから教師自身が心理的にダメージを受ける危険性があります。大人が子どもに勝つ必要はまったくありませんが、負けないことは大変重要です。「もう一回言ってみて」と促すことは、暴言を受けても、負けないでしっかりと立っている姿を自分にも子どもにも見せることになります。

もう一回言うように促してみると、C男はどのように反応するでしょう。経験上、ほとんど何も言わずに去っていくことが多いものです。「ばーか」などと小さな声で言う場合もありますが、暴言を同じように投げつけてこちらに向かってくることは多くありません。

その場合、周囲のサポートがあるかどうかで、C男へのかかわりは変わってきます。自分が一人の状況であれば、「あとで話そうね」などと投げかけ、C男が去っていくままにして今のかかわりを終わりにすればよいでしょう。ぜひ、後日、他の教師と協力して、C男から話を聞いて指導することをお勧めします。また、周囲に数名の教員がいる場合には、しっかりとC男にかかわり続けて、別室などで話を聞くようにすることがごく自然な指導です。

30秒

暴言の背景にある気持ちに働きかける

もう一度言うように促して、再び「お前、ウザいんだよ！」などと、暴言を投げつけ、こちらに向かってきた場合には、感情の言語化をお勧めします。

つまり、「すごく腹を立ててるんだね」とか「怒ってるんだね」などと、C男の気持ちを言葉にして伝え返してみるのです。そうすると「怒ってるに決まってるだろ！」とか「お前の顔がムカつくんだよ！」などと、少しは発展した反応が返ってきます。さらに「よっぽどのイヤなことがあってムカついてるのかな？」などと聞いてみれば、さらに何らかの反応が得られます。どんな出来事があって、どのようにC男自身が腹を立てたのか、C男の話を聞いていくことが大切です。

こういったやりとりでは、C男の言い方は礼儀を欠いた不適切な言い方ですが、話されている中身はカウンセリングで話される中身に近づいてきます。C男の言い方にはあまりとらわれずに、

C男の感情に焦点を当ててC男の話を傾聴していくことが求められます。

実は、C男が最初に暴言を投げつけてきたときに「怒ってるのかな?」などと感情を言語化できるように働きかけても、C男からはスルーされて反応が得られないことがほとんどです。こちらに何かを話そうとして、話しかけたわけではないからです。C男は、イライラや怒りを「お前、ウザっ」という言葉に乗せてこちらにぶつけてきただけなのです。C男としては、怒りをぶつけて、それで終わりということでしょう。

しかし、もう一度言うように促してみる働きかけにC男が応えたことから、こちらが主導権を持ち、C男はこちらに反応させられている状況になっています。だからこそ、問いかけを重ねていけば、ある程度やりとりが続いていくのです。それを通して意味のあるやりとりへと進んでいくことができるのです。

1-7 廊下でのいじめの疑いへの対応

D男、E男、ともに高校一年生。D男は、クラスではかなり目立つタイプの生徒で、明るく元気である。他の生徒とのかかわりは多く、一緒にふざけて楽しそうにしていることが多い。一方、E男は、まじめでおとなしいタイプで、他の生徒とのかかわりはあまり多くない。二人は同じ中学校出身で、高校入学当時はE男がD男にかかわりを求めていたような感じであった。D男はすぐに多くの生徒とかかわりを持つようになったが、E男はやや孤立気味であった。そのうちE男もD男の友達付き合いを通して友達関係が少しずつ広がっていった。しかし、E男は、他の生徒からちょっかいを受けたり、からかわれたりすることが多いように見えた。

ある日、授業開始チャイムが鳴っているときに、廊下でD男がE男にちょっかいを出している場面を見かけた。D男がE男の頭を抱え込んでいて、E男が動けないように捕まえている状況であった。D男は、楽しそうに笑いながら「よっし、行くぞ！」とかけ声をかけ、もう一方の手をゲンコツにしてE男の頭にぐりぐりと押しつけるようにしていた。E男も、大声で「痛い！　痛い痛い痛い痛い！」と訴えていたが、ふざけているようにも見えた。こちらが「授業だよ」と促すと、D男はすぐにE男を離して、「えー、もう授業ですか！？」と教室に戻った。E男も「はい」と言って教室へ戻ったが、苦笑いしているようにも見えた。D男の様子は終始楽しげであった。

こういった場合は、ふざけあいのようにも見えますし、いじめのようにも見えます。そのため、指導に迷う場面だと思われます。

また、「授業だよ」と声をかけると、D男はすんなりとこちらの働きかけに応えますから、D男にさらに指導が必要なのか迷います。ちゃんと授業に出ていますから、それで構わないのかもしれません。どんなふうにかかわっていくのがよいでしょうか。

10秒

「悪意があってやってるの?」と働きかける

実は、いじめともとれる行動を「授業だよ」という声かけでやめさせるのは、マイナス面があります。その行動そのものについてはまったく言及していないからです。

被害を受けている側にとっては、「先生はいじめを目撃したのに、完全にスルーした」という体験になる可能性があります。そうなると、被害感や孤立感がどんどん悪化していってしまいます。そういう事態は何としてでも避けなければなりません。

事例ではいじめかふざけかわからないので、E男がそのように受け止めてしまうとは限りません。しかし、そのリスクはあるととらえてかかわっていくべきだと考えられます。では、どのようにかかわっていけばよいでしょうか。

一つは、D男に「もしかして、悪意があってやってるの?」と穏やかに質問してみる方法です。D男に対して、E男を意図的にいじめたり攻撃したりしているのかを問いかけた質問です。ほとんどの場合、「悪意なんかないですよ。遊びです」という返事が返ってきます。

その場合、「そうか、よかった。悪意があってやってるのかと思った」と投げかけておきます。これは、D男の気持ちとは関係なく、外から見ればいじめや攻撃に見えるということをD男にも伝える意図があります。また「よかった」というのは、あくまでもD男と対立する姿勢ではないということも示しておこうとしています。

さらに言葉を重ねて、「悪意がないなら、そういう遊びはやめなさい」と指示しておけばよいと思います。

なお、「悪意」という言葉は強い言葉ですので、D男から「悪意があります」との反応があることは稀ですが、その場合、D男はE男を意図的に攻撃しているというだけではなく、大人の指導に対しても挑戦したり反発したりする姿勢を示しています。こちらは「そうなんだ。悪意があってやってるんだね」と明確に受けておく必要があります。「じゃあ、あとでゆっくり話を聞かせてね」と次につなげておき、じっくりとD男から話を聞くことが重要です。

また、もし時間があればE男にも、「D男くんは悪意がないって言ってるけど、どう?」などと聞いてみることも一つです。E男の反応は「D男には悪意があります」という反応か、「遊びです」という反応かのどちらかです。E男が「D男には悪意があります」という場合には、「二人は意見が違うんだね。あとで、ゆっくり話そうね」などと伝えていったん終わりにし、あとでしっかりと話を聞いてみることが必要です。

30秒

「いじめですか?」と聞いてみる

また、「これは、いじめですか?」と穏やかに質問してみることも一つの働きかけです。D男は、「授業だよ」という指示にすんなりと従っていますから、こちらの問いかけにもすぐに反応が得られます。ほとんどの場合、「いじめじゃありません」との反応が得られると思われます。さらに「E男とは仲が良いんですよ、遊びです」などと言葉を続けてくる可能性もあります。E男も同じように、「遊びです」などと答える可能性が高いと思われます。

そういう場合には、「遊びなら、そういう遊びはやめてね。いじめに見えるよ」と一言だけでも指導することが必要です。というのは、E男はいじめられていると感じていたとしても、「いじめ」とは言えないからです。したがって、この場合の最低限の指導として、いじめともとれる行動はやめるように言うことが求められます。

もちろん、それで終わりではなく、その後も様子をよく観察し、必要があれば面談を設定することが重要です。「いじめ」の問題は重大な問題ですから、廊下での短い指導だけでは十分ではありません。

また、「いじめですか？」という問いかけに、E男から「いじめです」との答えがある可能性もあります。例えば、「やっぱりいじめなんだね」などと言葉として明確にしておくことが必要です。「二人の意見が違うね」などと意見の違いを明確に言語化しておくことも大切です。廊下ではあまり時間もかけられませんので、重要な焦点をこのように言語化しておくことが重要です。その上で、別に時間をとって話し合うことが求められます。

E男の本音かどうかはわかりませんが、とにかく、「ふざけ」ではなく「いじめ」だということが表に出てきたわけですから、それを放っておくことはできません。E男の言葉を手がかりにして、二人から話を聞いて、指導・支援していくことが重要になります。

1-8

相談室から生徒を教室へ戻らせる対応

Z中学校では、スクールカウンセラーが昼休みに相談室を開放して、誰でもおしゃべりにやってこられるようにしていた。三学期になりF男（中学校二年生）を中心とした男子五名が、昼休みに相談室を訪れ、スクールカウンセラーを交えた仲間でおしゃべりを楽しむようになった。来室が継続するようになると、昼休みが終わっても教室へなかなか戻らなくなった。声をかけないでいるとまったく動かないが、「授業が始まったよ」などと何度か促すと動き始めることが多い。廊下をのんびり歩いているので、「早く（教室に）戻りなさい」などとスクールカウンセラーが声をかけると、教室ではなく相談室に戻ってきてしまう。その際、F男は「カウンセラーのくせに追い出すのかよ」などと突っかかってくる。スクールカウンセラーが、相談室の入り口のところで入れないようにF男を押さえたりすると「あー、暴力！」などと大声で言ってくる。他の生徒も、F男に同調して、相談室前の廊下でたむろしてなかなか帰らない。対応に時間がかかり、教室へ戻るのは五時間目をかなり過ぎてしまうことも多い。

スクールカウンセラーの実践では、昼休みなどに相談室をおしゃべりの場として開放している場合があります（私は「自由来室活動」と呼んでいます）。その場合、相談室も子どもが自由に行き交う廊下などと同じような場となります。いろいろメリットが多い活動ですが、授業が始まっても子どもたちが教室になかなか戻らず、相談室の出入り口から廊下のあたりで対応に時間がかかったり、対応が空回りしてしまうことがあります。短く適切なかかわり方を工夫する必要があります。

相談室はスクールカウンセラーにとって、子どものカウンセリングをする自分の実践の場です。子どもが素に近い自分を気兼ねなく出せるような場所に位置づけようと考えているスクールカウンセラーも多いと思います。しかし一方、学校という場は、規範や正しい行動を求められる場です。相談室との性格の違いは大きいかもしれません。その違いによって相談室運営はいろいろと難しい場面に出合うものです。

この事例もそういう難しい場面です。F男たちが相談室を居場所と感じてくれているのは非常に良いことです。しかし、授業が始まっても教室に戻らないという事態は望ましくありません。相談室利用のルールが厳しく設定される可能性もあります。しかしそうすると、相談室という場の性格も変わってしまいます。スクールカウンセラーは何らかのねらいを持って相談室運営を行っているわけですから、相談室という場の性格が変わってしまうことは、スクールカウンセラーの活動全体が変わってしまうことにつながります。

スクールカウンセラーとしては、厳しく対応するにも、あたたかく対応するにも、大変迷う状況だといえます。

10秒

また来るように言う

スクールカウンセラーが教室へ戻そうとすると、Ｆ男は「追い出すのかよ」と反論してくることが一つのポイントです。Ｆ男たちは、自分自身が否定されている感じを持っているととらえられます。

相談室に来室する子どもたちの中には、学校を自分の居場所と感じることができない子どもたちもいます。Ｆ男たちも、教室を居場所として感じることができていないのだと考えられます。だからこそ、教室へ行くようにという指示を「追い出される」と感じるのです。したがって、Ｆ男たちには相談室にいてもいいのだという安心感を持ちつつ、教室へ戻ってもらうことが重要になります。

一つのアイデアは、「五時間目になっちゃったね」と、授業に戻ることを暗示しつつ少し待ちます。それに応じて、子どもが動くようであれば、そのまま動きを見守るようにします。動きが鈍いようであれば、「またおいで」などと次の来室を促す指示をするのです。

「またおいで」というのは、「今は戻りなさい」ということなのですが、相談室に来てもよいということを保障しています。「来てもよい」という安心感が相談室から離れることを支えています。子どもが相談室から教室へ戻るのを、スクールカウンセラーが「またねー」などと言いながら、手を振って見送ることができたら、理想的です。

30秒

待っている時間を具体的に言う

〈10秒〉のような働きかけでは、なかなか教室へ戻らない場合もあります。そういう場合には、もっと具体的に時間を予定するなどして、次の来室を促すような働きかけが次の方法です。「また放課後においで」などというのもシンプルな促し方です。

もっと具体的にはっきりと来室を促してみる方法もあります。例えば「F男くんとは、いろいろ話してみたいよね、一回ゆっくり話してみようよ」などと促してみます。その上で「今日の放課後の○時から時間が空いているから、カウンセリングの予約する?」と働きかけてみることも一つです。

多くの場合、子どもは「えー、いいよ」などと言いながら、教室へ戻ってしまいます。こちらは「ゆっくり話してみたいね」などと言いながら、〈10秒〉の場合と同様に「またねー」などと送り出します。もし、予約したいというのであれば、良いチャンスになるので、その時間にカウンセリングの面接を持ちます。

第2章

不登校・いじめへの支援

2-1

家族のサポートが乏しい不登校の子どもへの支援

G男、小学校五年生。母子家庭で、母親は契約社員として介護の仕事をしている。生活のために少しでも時給の高い夜勤の仕事を入れることが多い。そのため、G男が夕方から深夜まで一人で過ごすことも多い。G男が一人のときには、夕食はお菓子ですませてしまうことが大半である。お菓子を食べながらゲームをして深夜まで起きていることも多い。G男なりに母親を心配して待っているとのこと。そういった日の翌日は、G男も母親も遅くまで寝ているようである。そしてG男はそのまま欠席になってしまうことが多い。また、学校へ登校する日も遅刻がほとんどである。学校から、母親に対して生活習慣や生活リズムを整えるように話しているが、母親からは「仕事の疲れがひどいので、やってあげたくても、無理です」との反応である。実際、母親には持病があり定期的に通院しているようで、健康上の負担も大きいようである。

子どもの貧困が社会問題となっています。経済的に苦しい家庭では、子どもが保護者からの適切なサポートを受けていないことも多いようです。それが、不登校などの問題状況につながってしまうことがあります。経済的な貧困がサポートの貧困につながり、さらには子どもの成長を阻害してしまう危険性があります。親の経済的な貧困に対しては学校では手が届きませんが、子どものサポートの貧困に対しては、学校でも少しは手が届くかもしれません。

事例のような場合、母親に今以上の努力を求めるのは、無理があります。母親が無理を重ねてつぶれてしまっても、結局は子どもにとってのマイナスになってしまいます。また、経済的貧困に焦点を当てて、その解決を考えていくことは学校でできる支援の範囲を超えてしまいます。では、どんなふうに考えていけばよいでしょうか。

学校は、子どもの教育や支援については、役割も専門性も持っています。子どもの成長を支えることは学校にできることです。Ｇ男本人をサポートしていくことを工夫することが学校にできることなのです。

10秒 みんなが幸せになるようにという姿勢で

子どもは、こういった場合には子どもなりの方法で保護者に負担をかけないように考えて生活しています。例えば、文房具などの必要な品物も買わないで我慢したりすることがあります。また、お腹が減ると困るから、あまり動かないようにじっとしているという子どももいます。

また、子どもなりに自分の保護者をサポートしようとしていることもあります。例えば、母親の体調がよくない日には、母親のことが心配で登校できない子どももいます。何かあれば、自分がサポートしてあげなくては、という気持ちからのことだと想像されます。

一方、教師やカウンセラーは、母親の子どもへのサポートが十分ではないことにどうしても目が向くものです。母親がもう少し子どもをサポートするように努力してほしいと考えがちです。そのため、朝早く起きて朝食を食べさせるように母親に働きかけたり、深夜までの勤務を変えられないかを打診したりすることもあります。学校としてはごく当然の働きかけですが、子どもの立場から考えると必ずしもそうとはいえません。子どもは、学校は母親に批判的だと感じてしまいます。ともすれば、学校は大切な母親を傷つける存在と感じられ、学校が敵のように思えてしまうかもしれません。

ところで、子どもが親を思う気持ちはごく自然なことです。G男を支援していくためには、その気持ちにしっかりと寄り添って、子どもとも良い協力関係を保っていくことが大切になります。そのためには、「お母さんも、あなたも、みんなが幸せになるように」と、言葉にして繰り返し本人に伝えていくことが一つの道筋となります。子どもが幸せになることが保護者にとっても幸せですし、保護者が幸せになることも子どもにとって幸せなことです。それを学校が応援しているということを明確にしていくことが大切なのです。

「みんなが幸せになる」ための道筋を進んでいくには、困難がたくさんあると予想されます。進んでいくための具体的な方法はなかなか見つからないかもしれません。しかし、同じ方向を向いて少しずつ進んでいくのだということを共有できることは、子どもをしっかりとサポートすることになります。

30秒

サポートを受けるべき存在に

本来、子どもは大人からサポートされるべき存在です。しかし、G男は、自分が母親をサポートしようとしています。G男の考え方の中には、自分自身がサポートを受けるという考えは、ほとんど含まれていないのかもしれません。しかも、事例のような場合には、周囲の大人も、親を支えているG男を「えらいね」などとほめたりすることが多いと思われます。そうすると、「自分が母親をサポートしなくてはならない」というG男の考えを、余計に強めてしまいます。

一方で、事例の状況は、G男の頑張りだけでは改善の方向には進んでいきません。そのためには、サポートを得つつ、G男も頑張るということが大切です。そのためには、まずは、G男自身が「自分はサポートされるべき存在」と感じることがスタートになります。

例えば、G男に「お母さんにとって、いちばん心強い味方は誰だか知ってる?」と投げかけてみるのはどうでしょうか。もちろん、この質問の答えは「G男」です。自分から答えることができたとしたら、そういう側面では自分で自信を持っている証拠です。答えられない場合には、わかっているけれども遠慮して言わない可能性があります。「G男くんなんだよ」と遠慮せずに自分を認めてもよいことを伝えます。その上で、さらにG男に「じゃあ、今度はG男くんの味方は誰?」と投げかけてみたいところです。そして「お母さんには、G男くんが味方でしょ。G男くんにも、味方が必要だよ」と、G男自身がサポートを受けるべき存在であることを伝えることが大切です。

残念ながら、事例のような場合、子どもから自分の味方として具体的な名前があがることはあまりありません。味方として学校の教師をあげた上で、「もっと味方を見つけようね」と投げかけて、どんどん味方のリストを増やしていけるように投げかけることが大切です。

3分 一人の時間につながりをつくる

貧困の問題は、孤独や孤立へとつながっていくことが多いといわれています。そして、孤独や孤立は子どもの世界が未来へ広がっていくことを阻害してしまいがちです。子どもが他者とつながっていけるように、さまざまな工夫を重ねていくことが必要です。

G男は、母親が夜勤の時間は、一人で過ごしています。小学校五年生ですから、夜に一人で過ごすことには寂しさや心細い気持ちを感じるのは自然なことです。お菓子を食べたりゲームをしたりすることは、そういう寂しい気持ちを紛らわすための行動だと考えられます。本来は、夜には子どものそばに誰か大人がいて、子どもは安心して時間を過ごすことが必要です。この事例では、現実の中で大人がG男のそばにいることは難しいのですが、G男の心の中で誰か大人とつながっていることはできるのではないでしょうか。そうすれば、ほんの少しはG男の心細さを小さくすることができるかもしれません。

例えば、一人で過ごすときに、担任の先生のことをプラスの気持ちとともに思い出して時間を過ごすことができれば、寂しさや心細さはかなり小さくなります。例えば、G男に〝なぞなぞ〟の本を貸す、というのも一つの方法です。

貸すときに「おもしろい〝なぞなぞ〟を見つけて先生に出してみて」と投げかけるのです。G男が夜、一人ぼっちで過ごしているときに、ランドセルの中からその〝なぞなぞ〟の本を発見すれば、必ず担任とのやりとりが思い出されます。そして、一人でその本を読みながら担任のことを思い出し、どの〝なぞなぞ〟を出そうか考えることができたら、その時間は一人で過ごす寂しくて心細い時間ではなくなるのです。

実は、〝なぞなぞ〟を使うのには、他の理由もあります。一般に、人が人とかかわりを持つには、共通の何か（対象）が必要です。通常は、共通の話題を通して人と人とはかかわり合っています。一方、経済的な貧困は、文化的な貧困や体験の貧困につながってしまいがちで、それはひいては子どもが人との共通の話題を持つことを阻害し、人とのかかわり合いを阻害してしまうのです。ところで、〝なぞなぞ〟は、人との共通の話題として非常に役に立ちます。大人でも子どもでも、〝なぞなぞ〟を通して楽しくかかわり合うことができるのです。しかも、すばらしいことに、〝なぞなぞ〟にはコストがほとんどかかりません。G男さえその気になれば、図書館から本を借りて、いくらでも〝なぞなぞ〟を仕入れていくことができます。

もちろん〝なぞなぞ〟の本を貸すことだけが一人の時間につながりをつくる方法ではありません。勉強が好きな子どもの場合には、「宿題を出す」ということも一つの方法だと思います。本人の興味や事情に合わせて工夫していくことが望まれます。

2-2

いじめ被害の訴えへの支援

D子、中学一年生。バスケ部の部活内で、同級生から悪口を言われたり、無視されたりするとのことで、部活動の顧問に訴えがあった。D子は、「昨日も、みんなから『役立たず』って言われたんです。いじめられてるんです…」と話したあとは、うつむいてしまって、自分からはなかなか話ができなかった。事実関係を顧問が丁寧に質問すると、「私がちょっと失敗したら、みんなに『サイテー』って言われるんです」と涙ぐみながら話した。同級生からは、ほかにも「へたくそ」「バカじゃないの!」などと言われるとのこと。失敗するとその場で何人かに言われたり、練習が終わって帰るときにも、すれ違いざまにボソッと言われたりするとのこと。D子は顧問に状況を説明したあとに一言、「やめるしかないけど、やめてもダメかな」とつぶやいた。顧問はD子を励ましつつ、悪口を言ってくる生徒から話を聞いてみることを提案したが、「チクったと思われる」とのことで受け入れなかった。また、他の部員からそれとなく話を聞いてみることも、同様の理由で同意が得られなかった。そのため、解決に進んでいない。

いじめ防止対策推進法が施行されて、学校現場ではいじめへの対処が厳しく求められるようになりました。いじめは担任だけで抱え込まず学校へ報告した上で、関係職員で情報を共有しながら適切に指導や支援をしていくことが基本となります。また、「いじめはあってはならない」というスタンスで臨むのではなく、「どの学校にもどの子どもにもいじめは生じる可能性がある」とのスタンスで臨むことが必要だというとらえ方に変わってきました。いじめの認知件数が多いことはむしろ良いことであって、認知したいじめをきちんと解決しているのかどうかに焦点を置かれるようになりました。それだけに、いじめの被害の訴えがあった場合には、適切に対応して一つ一つ丁寧に解決していくことが大切になります。

いじめへの対応では、D子の言うように大人の側が動くことがかえって問題をこじらせてしまう危険性もあります。しかし、放っておいてよいとはいえない状況でもあります。どのように対応していくか迷う場面なのではないでしょうか。

10秒　訴えてきたことをほめる

まず、D子がいじめられていると訴えてきたことをほめる必要があると思います。顧問の教師に対してもなかなかうまく話ができなかった様子から考えると、D子は、自己主張がそれほど得意ではないように思われます。そういう子どもが、自分からいじめの被害を訴えてこられたというのは、大変すばらしいことです。また、一般的には、「いじめられている」とはなかなか相談できないものです。したがって、まずは訴えにこられたということをほめることが非常に大切です。

また、訴えたあとも必ずしも解決には進んでいないことから、D子は、顧問に話したことを後悔する危険性があります。さらには、いじめの解決をあきらめてしまう可能性もあります。そうすると、自分から顧問に話をしたという行動自体も、自分で否定的にとらえてしまうかもしれません。ですから、解決するかどうかという結果だけに注目するのではなく、「D子が自分から訴えてきたことそのものが非常に価値のあることだ」ととらえることが大切です。そのことをD子と共有する必要があります。だからこそ、そのことをD子に伝え、D子の行動をほめることが重要になるのです。

シンプルに、「部活のいじめのことを話にきてくれてよかったよ」というのも一つのほめ方です。また、「こういうことは意外と難しくて、誰にでもできることじゃないよ。D子さんは勇気があるね」などと付け加えるのもよいと思います。

ほめるタイミングは、最初に話しにきた直後がいちばん適切ですが、ほめるのを忘れてしまうこともよくあることです。いじめの問題はどうしても問題の解決に注目しがちだからです。後日でも、ほめていないことに気づいた段階で、「そういえば、D子さんが話しにきたことをちゃんとほめてなかったよね」などと前置きしたあとでほめてあげても何の問題もありません。また、ちゃんとほめたかどうかわからなくなってしまった場合には、別に何度ほめても構わないわけですから、思い出した段階で、ほめるとよいかと思います。「前にほめたような気がするけど、もう一回ほめておくね」などと言えばよいと思います。

30秒

傷ついた感情を支える

子どもが被害を訴えてきた場合に大切なことは、本人の傷つきを理解しサポートすることです。いじめの被害の訴えがある場合には、いじめの事実関係を確認して、いじめの加害者への指導をしなければならないでしょう。しかし、それは加害者に指導するためですし、次の被害を防ぐためなのです。被害を受けた子どもの心の傷つきをサポートするためではありません。傷ついた気持ちをサポートするための第一歩は、気持ちを言葉にして受け止めていくこと、つまり感情の言語化なのです。

この事例の場合、D子は自分ではうまく話ができていません。顧問の質問に答えて状況を説明しているようですが、D子自身の感情をきちんと表現できているとは限りません。もし、D子自身の感情が言葉にされているとしたら、「(私は) つらい」などという表現が出てきているはずです。「やめるしかないけど、やめてもダメかな」と言っていますが、これもD子の感情表現とはいえません。感情は自分自身の心の中に生じるものなので、自分の気持ちを表現した文の主語は「私」になるはずです。「やめるしかない」「やめてもダメかな」というのは、主語は省略されていますが、「状況は」ということです。自分の置かれた状況についてのD子のとらえ方です。つまりD子の感情が言葉にされているわけではありません。

D子は、「サイテー」などの言葉の暴力を受けたことによって、「つらい」気持ちや「悲しい」

気持ち、「腹の立つ」気持ち、「くやしい」気持ちなどのマイナスの感情を感じています。そこで、「『サイテー』って言われたんだね」と事実関係を受けた上で、「すごくつらいねぇ」などとこちらから感情を言葉にして表現してみることが一つの方法です。D子から「そうなんです」などと肯定する反応が返ってきた場合には、「つらいっていうことをもう少し詳しく教えてもらえる?」などと、D子自身の言葉で表現できるように促してみることも大切です。また、もし「つらい」という表現がD子の実感とずれていたとしても、本人が適切に言い直してくれると思われます。ほかにも、「どんな気持ちになったのかな?」などと、D子に聞いてみることも一つの方法です。

いずれにしても、D子が自分の気持ちを自分の言葉で表現することが大切です。自分の言葉でマイナスの感情を表現することができたら、それは、感情に適切に対処していき心の傷つきから回復するための第一歩になります。

3分

どう対処していくのかを一緒に考える

今後の焦点は、現在の状況にどう対処していくのかになります。大人主導で解決を目指すのではなく、本人と一緒に考えていくことがポイントです。

例えば、D子は顧問からの提案に「チクったと思われる」との理由で提案を断っています。こんなふうに、しっかりと自分の考えを伝えて大人の提案を拒否できるのは、重要なリソースです。特に、いじめの被害を受けている状況では、さらなる被害を防ぐためにも、リスクをしっかりと考える必要があります。Ｄ子自身がしっかりとリスクを考えることができていることは、非常にすばらしいことです。

一緒に考えていくというのは、大人の言うことを鵜呑みにしてそれに従うことではありませんから、Ｄ子のような態度が望ましいといえます。だからこそ、Ｄ子にそのことをきちんと伝え、一緒に考えていく関係をしっかりとつくっていくことが望まれます。

例えば、「Ｄ子さんはそんなふうに自分で考えて、その方法はリスクがあるなって判断できるわけでしょ。そういうのがいちばん大切だよね」と、自分でリスクを判断するという大切なことができていると伝えます。そして、「考えてみて『良くないな』って思ったら、ちゃんと断ってくれるから、そういうのも大切だよね。そういうのができているのはすばらしいよね」と、自分の考えをもとにして一緒に考えることができていると伝えていくことが大切です。

この働きかけは一種のポジティブリフレーミングとして機能しています。「チクったと思われる」という不安の肯定的な側面が表面に出てくるように、「リスクを判断できる」とリフレームし（枠組みを変え）ています。Ｄ子自身が自分で気づかなかった良い面に気づくことを促しています。

また、いじめの問題が起こったとき、すべての場面ですべての人がいじめの加害をしているわけではないことが多いものです。しかし、被害を受けている子どもにとっては、いじめが〝すべて〟のように思えるのも、自然な気持ちの動きだといえます。だからこそ、いじめ被害が（あまり）生じていない状況についての情報を集めることも大切です。被害がある場合と被害がない（少ない）場合の両方を理解することは、対処方法を考えるためには非常に重要です。そこで、観察課題を出すことをお勧めします。

例えば、「どんなふうにしていくのが良い方法かを考えていくために、いろいろと情報を集めよう」などと目的を伝えた上で、「悪口を言われたときに言ってきた人とか、まわりにいた人の様子をよく観察して教えてね。もし、悪口が少ないときがあったら、そのときにも、まわりの人が何をしてるか、よく観察してみてね」というように勧めます。

実は、観察課題を出すと、問題の状況に向き合う子どもの姿勢が変わります。悪口を言われて傷ついたり、おびえたりするのではなく、観察して報告しようとする自律性が生まれてきます。そんなふうに、D子の姿勢が変化すると、周囲の人も今までと違った行動や反応を示すことが多くなります。そして、いじめという問題の状況も少しだけ変化していきます。つまり、観察してみようとすると、観察する前とは違った状況になっていて、その結果、思ったよりも状況が良いことがわかるのです。こんなふうに、思っていたよりも状況が良いという情報をもとに、一緒に考えていくことができます。そして、一緒に対処方法を考えながら、いじめの被害から抜け出していくことができます。

こらむ 3　リフレーミング

物事の理解や意味づけは枠組みによって成り立っています。

例えば、D子の事例では、いじめられるという不安があり、他の生徒からの情報収集ができていません。「いじめの事実を確認して指導することが大切だ」という枠組みからは、「他の生徒から話を聞かないでほしい」というＤ子の要望は、手詰まりや消極的というとらえ方になりがちです。一方、「リスクを避けることが大切だ」という枠組みからは、Ｄ子の要望は良い対処方法としてとらえられると思われます。

こんなふうに、物事のとらえ方は、枠組み（フレーム）によって決まってくるのです。枠組み（フレーム）を変える、つまりリフレームすることによって、意味づけを変えることをリフレーミングといいます。カウンセリングでは、クライエントの否定的なフレームを、肯定的に言い換えるポジティブリフレーミングがよく用いられます（東、二〇一三）。

こらむ４　観察課題

観察課題とは、指示した行動をやってきてもらうのではなく、状況をよく観察してきて報告してもらうという課題です。具体的な対処方法などが思いつかない場合でも、観察課題は出すことができますし、副作用があまりありませんので、支援の早い段階で使われることが多い方法です。森（二〇一五）では、「こんなことがもっと起こってくれたらいいのにとか、もっと続いてくれたらいいのにと思う出来事について、よく観察していてください」という言い方で課題を出すことを勧めています。

良いことが起きていることにちょっとだけでも目を向けてもらうことが、大きな効果につながるとのことです。

2-3 長期化した不登校への支援

E子、中学校二年生。小学校四年生のときから学校を休みがちになり、五・六年は断続的な登校状況であった。中学に入って四月は登校したが、それ以降は全欠。昼夜逆転した生活を送っており、家から出ることもほとんどない。
中二になり、担任が夕方以降に家庭訪問すると、玄関先まで出てくるようになった。そして、少しは話ができるようになってきた。学校の話をすると、うつむいてしまったりして反応がなくなってしまう。しかし、それ以外の雑談は少し楽しそうに話す。

E子は、学校以外の雑談だと少しは話が弾むようなので、楽しくおしゃべりすることが支援の基本になると思われます。そして、支援していく中で少しでも良い方向へ変化させようと考えることが多くなることが自然です。しかし、本人を変化させようとする働きかけは、現在の本人のあり方を否定している側面があります。不登校の子どもたちは多くの場合、自己否定的な考えや感情を持っていることも多いものです。つまり、本人を変化させようとして働きかけをすることは、子どもが自分をさらに否定してしまうことを助長する危険性をはらんでいます。

こういった場合は、特に、E子本人の安全や安心を大切にしてかかわっていくことが必要になります。だからこそ、E子とおしゃべりを楽しむということが支援の基本になるでしょう。人と話すことは、それだけでも、自然にゆっくりと影響を受けていくものです。少しずつ自然に本人が変わっていくためには、そういったかかわりを続けていくことが最も大切だと思われます。

おしゃべりに加えて、ほんの少しだけ、E子のプラスになるような工夫を考えたいものです。

10秒

小さなことに感謝する

不登校の状態にあるE子は、自分を否定的にとらえている側面があると想像されます。E子の安全や安心が高まっていくような働きかけを工夫することが必要です。その一つが感謝を伝えることです。

例えば、おしゃべりをしたあとで、「いろいろ教えてくれてありがとう」などと感謝を伝えることが大切です。どんな小さなことでも、チャンスがあれば感謝を伝えていくのです。「質問したことに、きちんと答えてくれてありがとう」と伝えることもできます。質問しても答えられずに考え込んでしまった場合にも、「質問したことを、きちんと考えてくれてありがとう」と感謝することができます。

しかし、こんなふうに感謝を伝えると、「普通です」などと反論されることもあります。「普通のことを普通にやれることは、本当はすごいことだよね」などと答えておきたいところです。また、「みんなやってるでしょ」との反論にも、「そうだね。みんなにもちゃんとありがとうって言わなくちゃね」と答えたいと思います。

実は、自分を否定的にとらえる気持ちが強い場合には、こういった反論が出てくることが多いのです。子どもの反論へのこういった答え方は、言葉遊びをしているのではありません。水や空気のように大切だけれども普段は意識しないものを、しっかりと言語化して伝えていくかかわり方です。

普段意識しないようなことを意識せざるを得ない子どもの大変さは、安全な水や空気が失われてしまったような大変さを想像させます。小さなことに感謝を伝える続けることで、少しでも子どもを支え続けたいと思います。こういったかかわりを通して、少しずつ自分を否定する気持ちが小さくなってくることが期待できます。

30秒

思い出す、影響を受ける

例えばこんな投げかけはどうでしょう。「昨日、本屋に行ったときに、ふっとE子さんのことを思い出したんだよね。本を読んでるって言ってたでしょ。どんな本を読んでるのかなとか、E子さんのこと思い出したんだよね」などと、自分の生活の中でE子を思い出したことを伝えるのです。支援者が思い出すということは、支援者の心の中に、E子が存在していると伝えることになります。肯定的な存在として、思い出されることが重要です。

長期化した不登校の子どもたちは、自分の居場所を学校や社会の中で感じられなくなっていることが多いものです。この事例のE子もそうかもしれません。家庭の外にも、居場所があるという感覚が少しずつ大きくなっていってほしいものです。そのための本当に小さな一歩として、こちらがE子を覚えていることや思い出すことを大切にしたいと思います。

さらに進んだ働きかけは、子どもから影響を受けることです。例えば、「この前、コーヒーとココアを混ぜて飲むとおいしいって、言ってたでしょ。そのことを急に思い出して、やってみようと思ったんだよね。でも、ココアがなくて、がっかりだったんだよ」などと話してみるのです。本人がおしゃべりの中で語ったことを受けて、それを違う場面で思い出し何かをやってみたということを伝えるという方法です。E子という存在が、支援者の心の中にあるということを伝えていることになります。

なお、実際に実行したという話よりも、思い出したが実行できなかったという段階から始めることをお勧めします。本人が自分の世界を侵されたと感じる危険性を避けるためです。聞いていた子どもが「ココアがなかったこと」に対してがっかりしているようであれば、次にはココアを用意して実際に実行してみる、というように手順を踏むほうが安全です。

子どもは大人から影響を受ける立場に置かれがちです。しかし、自分自身が他人に良い影響を与えたという実感は本人の自信になります。子どもを支援していく場合にも、支援者は影響を与えようとするだけではなく、子どもから影響を受けていくことも大切なのです。支援者が影響を与えられないことにこだわってしまうと、支援は袋小路に入ってしまいます。そんなときこそ、自分が子どもから影響を受けることを大切にしてみることをお勧めします。

3分

自分の話をする

E子は長い間ずっと不登校の状況にありますから、家族以外の人とのかかわりが少なくなっていると思われます。特に学校の先生方ともかかわりは、ほとんどないといってもよいでしょう。そのため、学校の側や担任の先生から見ると、E子はよく知らない生徒ですし、E子の心の内側もあまりよくわからないのは当然のことです。したがって、何とかしてE子をよく理解しようとしていろいろと働きかけたり、質問をしたりしがちになります。

しかし、逆もまた真です。E子の側から見ても、学校や担任の先生という存在は、よく知らない、よくわからない存在なのです。自分がよく知らない、よくわからない存在とかかわらなくてはならないということを想像してみてください。もし自分がその立場に置かれたら、不安や心配が大きくなるだろうと想像できると思います。

ですから、E子のような長期化した不登校の生徒とかかわる場合には、E子を理解しようとするよりも先に、こちらを知ってもらい、理解してもらうことが重要になります。もちろん、自己紹介をしたり、支援の方針を説明することは大切ですが、それだけでは、こちらを理解してもらうには不十分です。日常的なことで、E子にとっては負担になりにくい話題を話すことを通して、こちらの自分自身の人となりを伝えていくことも重要なのです。

例えば、昨日の夕食の話や、読んだ本の話、見たテレビの話などです。毒にも薬にもならないような、重要ではない話がよいと思います。物をなくしたとか、壊したとか、誰にでもあるようなちょっとした失敗談です。

また、自分自身の子どもの頃の体験を話すことも、おもしろい働きかけの一つです。登校へつなげようとして、学校の話やE子の知っている生徒の話をするよりも安全です。E子自身の興味や関心を広げることができるので、次につながっていきます。

2-4
登校刺激をする場合の対応

H男は、中学校二年生。小学校五年生のときの、友達関係のトラブルから不登校。小六は全欠で、担任が家庭訪問しても会えなかった。また、家から出ることもまったくなかった様子。中一になって、担任が家庭訪問を継続すると、少しずつ会えるようになった。
中二になると、少し話ができるようになり、「動物を飼いたいが、マンションのため、金魚を飼っている」ことなどがわかった。金魚は大切に育てていて、「キンちゃんと呼んでいる」とのことなどがあった。また、少し離れたペットショップへだけは、母親に連れて行ってもらって外出することもあるとのこと。ただ、一年以上の間、家族と担任以外の人とは、ほとんど会っていない状況である。担任は、登校刺激を与えてもよい状況だと判断したが、登校刺激が逆効果になるのではないかという不安もあり、どう働きかけるべきか迷っている。

不登校への対応では、適切な登校刺激を与えるということがごく普通の支援方法となってきました。しかし、登校刺激が逆効果となり、子どもが余計に引きこもったり、家庭訪問しても会えなくなったりする危険性もあります。どんなふうに考えていけばよいでしょうか。

10秒

視覚イメージが浮かぶような働きかけをする

例えば、保健室で金魚を三匹飼っていたとします。H男が金魚を飼っているという話が出てきたときに、保健室でも金魚を飼っていることをH男にも話して、「今度、保健室の金魚を見にいってみようか。先生にはわからないけれど、保健の先生は見分けられて、名前もつけたんだって」などとH男に働きかけてみることもおもしろい工夫です。

一般に、登校刺激を与える際には「学校へ行こう」「教室においで」などという働きかけをします。しかしこの働きかけは、あまりお勧めではありません。不登校の状態にある子どもにとっては、「学校」や「教室」というのは、不快なイメージと関連していることがきわめて多いからです。つまり、「学校へ行こう」と働きかけられると、不快なイメージがわいてきて、学校や教室へ行くことの負担感が大きくなることが多いのです。大きな負担感を無理して乗り越えていくような状況になってしまいます。

前述のような「保健室の金魚を見にいってみよう」「見分けられて、名前もつけたんだって」と働きかけると、H男がもともと持っていた学校や教室に関連する不快なイメージではなく、金魚に関連したイメージがわいてきます。H男は、金魚に呼び名もつけて大切に飼っているのですから、保健室の金魚や見分け方や名前に肯定的な関心を持つ可能性は高いと思われます。「見にいきたいな」「どんな金魚かな」などと思うはずです。つまり、金魚に関連する肯定的イメージがわいてくるのです。

登校刺激を行う場合には、このように、視覚的なイメージが具体的にわいてくるような働きかけを行うことが効果的です。特に、本人のリソースを活用して、得意なことや好きなことに関連する内容を具体的に投げかけてみると、本人の気持ちが動きやすくなります。

この働きかけは、不登校の背景にあるいろいろな要因を変えていくものではありません。働きかけにともなって否定的なイメージが生じることを避けて、行動が出やすくなることをねらった働きかけです。不登校の要因や原因が変化しなくても、学校や教室に行くことができれば、良い方向への変化が少しずつ広がっていくことが期待できます。

30秒 登校刺激をしてよいかどうかを聞く

不登校の支援に限らず、支援に迷った場合には、子どもに聞いてみることが迷いから脱するきっかけになることが多いと思われます。支援する側がいろいろと考えても、それが子どもの現状や気持ちとかみ合っているかどうかはわかりません。むしろ、迷いが大きいほど、子どもとは無関係に悩みの悪循環に陥ってしまうことが多いものです。だからこそ、自分で悩み迷うのではなく、子どもに聞いてみることです。

不登校の支援の場合には、子どもとすれ違いが生じたり、関係が悪化してしまうと、会うことが難しくなってしまいがちです。そのため、支援に迷った場合には、子どもに聞いてみることが特に大切だといえます。

例えば、「『そろそろ学校へ行ってみる?』って、誘ったほうがいい?」などとH男に聞いてみることができます。また、「『学校行ってみたら?』とか、後押ししてもらいたいタイプ? それとも、そっとしておいてほしいタイプ?」などと、聞いてみることも一つの方法です。

こんなふうに聞くと、H男からは、複雑な答えが返ってくる可能性があります。例えば、「誘ってほしいけど、今はまだ無理かも」などという反応です。また、「そっとしておいてくれたほうが、行きやすい」などとの反応もあります。

これらの反応には、学校へ行くか行かないかという二分法ではなく、H男自身が迷っていることが、言葉として表現されています。不登校の支援では、いろいろな葛藤や迷いを抱えつつ、少しずつ学校へ近づいてこれるように支援していくことが大切です。そのためにも、こういった聞き方は、お勧めです。

3分 断る練習をする

登校刺激というのは、「学校へ来るように」という方向性を持った支援です。一般的に、カウンセリングでは、来談者のニーズに応えるように支援をしていきます。しかし、不登校の子どもたちへの登校刺激では、ほとんどの場合「登校刺激をしてほしい」という子どもからのニーズに応えるような支援ではありません。大人の側からの考えで支援を進めていくことになります。だからこそ、子どものニーズに応えることを大切にしていく必要があります。そこで、登校刺激をする前に、断る練習をしてみることをお勧めします。子どものニーズに合わない支援は、断ってもらうということです。

例えば、こんなふうに投げかけてみることができます。「もし、なんだか無理だなぁっていうことを先生がやるように言ったら、H男くんはちゃんと断ったりできそう？」。そして、その場で断る練習をします。「じゃあ、ちゃんと断れるように練習してみようか」などと投げかけ、「今から断ってね」と言って、何らかの働きかけをしてみます。

断ることがきちんとできそうな子どもには「じゃあ、少しずつ教室へ行ってみようと思うんだけど、どう？」などといった「いいえ」と言いにくい投げかけで働きかけてみることをお勧めします。反対に、断ることが苦手な子どもには「じゃあ、明日から象に乗って学校に行こうか」などと、現実離れしていて断りやすいような投げかけを行います。

断ることができたら、きちんとほめた上で、「なんだか無理そうなことを提案したりしたら、さっきみたいに、ちゃんと『無理そうです』とか断ってね」と念を押しておきたいところです。

断ることを練習することは、武道で受け身から練習することと似ています。自分の安全を守るために受け身が大切なのです。しかし、それだけではなく、技をかける側も相手が受け身をとってくれるから安心して技をかけることができるわけです。同じように、支援する側が安心して支援するためにも、子どもが断ってくれることは大変大切なのです。

第3章

心に課題を抱える子どもへの支援

3-1 自殺のほのめかしがあったときの支援

F子、高校一年生。両親はF子が小学生四年生の頃に父親のDVが原因で離婚。母親とF子の二人で他県から転居してきた。F子によれば、小学校に転入して以来ずっといじめられてきたとのこと。中学校では不登校だが、適応指導教室に通った。成績は中の上で、高校には何とか合格。しかし、高校でもクラスになじめないとのことで欠席がち。登校した日も、保健室で過ごす時間が長い。出席日数や単位の問題があるため、母親から勉強や登校へのプレッシャーが強くなったとのこと。養護教諭との話の中でF子から、「生きていても仕方がない」「死んでしまいたい」との話が出てきた。

一九九八年以降二〇一一年まで、日本では年間三万人を超える人が、自殺によって亡くなっていました。二〇一〇年頃から少しずつ減少し始め、二〇一二年には三万人を下回りました。しかし、若者の自殺は高止まりが続いているといわれています。学校現場でも、自殺の訴えのある子どもに出会うことがあります。当然のことですが、適切な支援を行っていくことが求められます。

子どもが「死にたい」という気持ちを話してくれたときには、支援する大人も大きく気持ちを揺さぶられるものです。どのように支援していけばよいか迷うのも、ある意味では自然なことです。子どもの訴えを真剣にとらえているからこそ、揺さぶられたり、迷ったりするのです。「死にたい」などと訴える子どもを支援するには、そんなふうに真剣にとらえる姿勢は、何よりも重要です。

そして「TALKの原則」に基づいて、「あなたを心配している」ということを言葉に出して伝え、絶望的な気持ちを傾聴する、などというかかわりが求められます。こういった原則を踏まえた上で、さらにいくつかの点から工夫していくことができると思われます。

こらむ5　TALKの原則

子どもの自殺予防に関しては、「TALKの原則」でかかわっていくことが大切だといわれています（文部科学省、二〇〇九）。

T（tell）：言葉に出して心配していることを伝える。

A（ask）：「死にたい」という気持ちについて、率直に尋ねる。

L（listen）：絶望的な気持ちを傾聴する。

K（keep safe）：危険と判断したら、まず一人にしないで寄り添うなどして、安全を確保する。

10秒

話してくれたことに感謝を伝える

F子は「生きていても仕方がない」「死んでしまいたい」と話しています。そういったことを話すのは非常に抵抗があることで、気軽に口にできることではありません。おそらく、F子は養護教諭を信頼しているからこそ、養護教諭に打ち明けることができたのだと思われます。その信頼感に応えるために、話してくれたことに対して感謝を伝えることが重要だと思われます。

「話してくれてありがとう」などとシンプルに伝えるのがいいでしょう。また、「話すのもつらかったでしょう」などと、話すことにともなうつらい気持ちを受け止めることも大切です。

なお、「話してくれてありがとう」と感謝を伝えるには、タイミングを考える必要はまったくありません。「死にたい」という気持ちを聞いてすぐでも構いませんし、面談の締めくくりのように伝えても構わないと思います。また、深刻な話が終わって、普通のおしゃべりになってからでも、伝えていなかったことを思い出したときに言えばよいと思います。

30秒

「生きていてほしい」と言う

「TALKの原則」のように、「死にたい」などの絶望的な気持ちは否定せずに、きちんと傾聴していくことが大切だといわれています。

しかし、支援する大人の側は、子どもが死んでしまうのではないかと不安になるはずです。そのため、「死んではいけない」とか「自殺してはダメだよ」などと言って自殺を食いとめたいと思うことも、自然な気持ちだと思われます。しかし、子どもの立場で考えると、必死で打ち明けた気持ちを否定されたように感じられたり、自分自身を否定されたように感じられたりする危険性があります。支援者にとっては、不安を持つことも自然な気持ちの動きなので、「死んではいけない」などと言うことを禁じられるのは、大変苦しいことかもしれません。

ところで、「死んではいけない」というのは、本当に支援者の素直な気持ちでしょうか。丁寧に考えてみると、「死んではいけない」という気持ちではなく、「生きていてほしい」という気持ちではないでしょうか。「生きていて明日も話をしたい」「生きていて明日も顔を見せてほしい」「生きていて明日も一緒に給食を食べたい」「生きていて卒業を一緒にお祝いしたい」という気持ちではないでしょうか。そういう気持ちが心の根っこにあるから、「死んではいけない」と言いたくなるのです。だからこそ、「死んではいけない」ではなく、「生きていてほしい」と率直に伝えていくことが大切です。

また、「死んではいけない」という言葉は、何度も伝えていくと、子どもはウンザリして心にダメージを負っていく危険性があります。「生きていてほしい」というのは何度伝えても、子どもの心にダメージを与えにくい言葉です。

事例のF子に対しても、「F子さんには生きていてほしいよ。明日も一緒にお話ししようね」とか「先生がおばあちゃんになるまでF子さんは生きて、かわいい赤ちゃん連れてきてね」などと、具体的な表現を使って繰り返し伝えていくことも良いかかわり方です。

3分 死んでしまうことでどんな利益があるか聞く

「死にたい」は「生きたい」の裏返しだという言葉を聞くことがあります。「生きたい」からこそ「死にたい」という訴えになってしまうという部分があるのです。つまり「死にたい」は単純に死を願う気持ちではなく、「生きていこう」とする気持ちが含まれているのです。多くの人には実感しにくいと思いますが、「死」は生きづらさを乗り越える一種のコーピング（対処行動）という側面を持っています。

では、どのように「死にたい」の中に含まれている「生きていこう」とする気持ちを見つければよいでしょうか。例えば、「もし、死んでしまうとしたら、あなたにとってどんな良いことがありそうなの？」などと聞いてみることが一つの方法です。合理的には成立していない質問ですが、答えてくれることが多いように感じます。死んでしまうことを話題にすることが不安な場合には、「生きていてほしい」ということを強調したあとに質問してみることをお勧めします。

この事例の場合、「F子さんには生きていてほしいんだけど、もし死んじゃうとしたら、それって、F子さんにとって何か良いことがありそうなの？」と聞くことができます。F子はもしかしたら、「考えなくてすむ」「ボーッとできる」などと言ってくるかもしれません。

もし、こういった答えが得られたとしたら、F子は本当は「死にたい」のではなくて「自由になって、考えなくてすむようになって、のんびりしたい」のです。それをＦ子自身の口から話してくれたということが本当に価値のあることなのです。「死にたいよね」というふうには共感できませんが、「いろいろと考えずにボーッとしたいよね」というふうには共感できます。そしてＦ子に「一緒に、考えずにボーッとできる方法を探そう」と働きかけることができます。

少しずつでもその方法を一緒に見つけていくことが、Ｆ子を支えていくのです。

3-2

被害妄想的な訴えへの支援

Ｇ子、高校一年生。成績は中の下くらい。ややマイペースで、他の生徒の気持ちを考えない発言が多い。そのためか、仲の良い友達はごく限られている。二学期の後半になって、Ｇ子から担任に、いじめられているとの訴えがあった。仲の良かった生徒二人から、無視されたり悪口を言われたりしているとのことであった。Ｇ子は、「二人がこっちを見ながらひそひそ話して笑ったりするんです。それから、私が話しかけても無視されるんですよ。今まで仲良くしてたのにひどいんですよ。先生もそう思いませんか?」などと語り、傷ついた気持ちが大きいようであった。

Ｇ子から詳しく話を聞いた上で、その二人の生徒や周囲の生徒に確認してみたが、加害的な事実関係は確認できなかった。そこで担任はG子にその旨を伝えて、もっと気楽に考えるように促した。G子は「誰もわかってくれない」などと、かえって被害的な気持ちを強めたようであった。その後も、G子からの被害の訴えは続いているため、担任や各教科の担当教師も注意深く様子を見守っている。しかし教師の目からは、いじめのような様子は確認できておらず、毎月実施されるアンケートでも、他生徒の回答にいじめの目撃は報告されていない。

本人からいじめ被害の訴えがあっても、事実関係が確認できない場合には、気を引くために言っているのではないか、被害妄想的な受け止め方をしているのではないかなどと、大人の側はとらえがちです。事実関係の改善に焦点を当てると、解決の糸口がなかなか見えず、支援の方向性を見失ってしまうことも生じがちのように思われます。

10秒

感情を言葉にできるよう促す

いじめの被害の訴えがあった場合には、いじめる側への指導などを通して、現実に生じている問題を改善するように考えることが多いと思われます。しかし、G子の訴えについては、事実関係がうまく確認できない状況です。そのため、G子を支援しようとして、いじめの現実を改善しようとすると、どうしたらよいかわからなくなってしまいます。そういった場合だからこそ、現実の問題に焦点を当てるのではなく、G子の心の動きにかかわっていくことを考えていくことも一つの方法だといえます。

G子には、被害的な気持ちが強く生じている様子です。他生徒のことについて「ひどいんですよ」と訴えてきますが、自分自身の感情を訴える言葉はありません。そのため、まずは「つらいよね」などと不快な感情を言語化して伝え返してみることが大切なことだと思われます。

もし、「つらい」という言葉がG子にぴったりの感情だった場合、「そうなんです。つらいんです」などと、肯定的な反応が返ってきます。G子自身の気持ちとこちらの言葉がピッタリでない場合はどうなるでしょうか。その場合にも、G子から「つらくないですよ。つらいというより、許せない気持ちです」などと、自分にピッタリする表現で感情を言語化してくれると思われます。

こちらが言ったことが当たっているか当たっていないかは大切なことではなく、本人が自分で自分の感情を言葉にできることが重要です。そのため、ひとまずは「悲しいね」「苦しいね」などと、G子の気持ちを想像しつつ、投げかけてみることが大切です。

事例では、G子を支援する側がいじめの事実関係について確証を持てない状況です。そのため、「無視するのはひどいね」などと加害者側の生徒を否定する言葉で、G子への共感を伝える必要はありません。そう思えない状況で無理にG子に合わせることは、自然ではありません。しかし、現実がどうなのかは確認できないとしても、G子が傷ついた気持ちは伝わってくるのではないかと思うので、「それはつらいね」などと、G子自身の気持ちに焦点を当てて受け止めていくことが大切です。そして、この姿勢こそが共感的に話を聞こうとする姿勢だと考えられます。

なお、支援の焦点が、事実関係ではなく子どもの心の動きになるというのは、いじめ被害の訴えがある場合すべてに共通します。まず、被害を受けた子どもの心への支援こそが重要なのです。その上で、子どもと協力して、現実の問題の改善を進めていくことが求められます。

30秒

「それで、どうしたの？」と聞いてみる

G子は、「二人がこっちを見ながらひそひそ話して笑ったりするんです」と話しています。しかし、それが事実かどうかは確認できていません。事実関係を確認し、加害的な行為をしている生徒を指導しようという方針では行き詰まってしまいます。〈10秒〉でも書いたように、支援の焦点はG子自身にあるのです。

ここでは、G子がどのような行動をとったのか聞いてみたいと思います。

例えば、「それで、G子さんはどうしたの？」と聞いてみます。しかし、「どうしたの？」という質問は、しばしば非難するニュアンスをともないます。したがって、この質問だけだとG子は「先生は、私が何もしなかったから悪いみたいに言った」などととらえてしまうかもしれません。「それで、どうしたの？」のあとすぐに、「例えば、言い返したとか、何か言ったとか、こんなふうにしたとか、自分なりにその場をうまく切り抜けるように何かやってみた？」などと、非難する趣旨ではなく、単純にその後のG子の反応を知りたいのだという意図が伝わるように付け加えることをお勧めします。

しかし、実はこの質問には、ほとんどの場合「何もしてない」などという反応が返ってきます。

ここでは、「そうだよね。何もしないっていうことも、問題をややこしくしないための、良い対応方法だったりするよね」と受けておきたいところです。一般に、何もしないというのも、何らかの被害を受けた際の対処行動の一つだととらえられます。しかし、被害を受けた子どもはそれを対処行動だととらえられないことが大半です。だからこそ、対処行動だと位置づけることが必要になります。このやりとりを通して、G子の心の中にも対処行動という視点が生まれてきます。

さらには、より良い対処行動を一緒に考えていく関係へと進めていくことが重要です。例えば、「たまには何か言い返したりすることもある？」などと聞いてみてもよいと思います。「言い返さないけど、もし言い返すとしたら何て言いたい？」などと聞いてみることもできるでしょう。「言い返す」という行動を想像させることを通して、G子も自分自身の気持ちを感じやすくなります。こんなふうに、一緒にG子自身が納得できる対処行動を探していくことが大切だと思います。

3分

記憶と現実を分ける

このG子のようなケースでは、事実関係が確認できないため、ともすればG子は「被害妄想が強い」と周囲から判断されてしまいます。しかし、過去に何らかの被害体験があり、その体験が思い出されてしまうことによって、被害的な気持ちが生じてしまっているのかもしれません。そのため、現実として何らかの被害が今現在生じているのか、何らかのきっかけで過去の記憶が思い出されているのかを区別することが必要になります。例えば、「悪口を言ってるって、どんなことからわかったの？」などと、聞いてみることも一つの方法です。

実は、ここで「わかる」という表現を使っているのが、一つのコツになります。「どんな悪口を言ってるの？（言ってたの？）」と聞くと、悪口を言われているのが現実の出来事であるという印象を強めてしまいます。現実の出来事なのか、過去の記憶が関連しているのかを判断したいわけですから、この聞き方は不適切です。

また、「どんなところから、悪口言われてるって気がするの？」という聞き方はどうでしょう。これは、悪口は現実の問題ではなくとらえ方の問題であるという前提で聞いている印象が強い聞き方です。G子は「先生は私の気のせいだって言っている」ととらえてしまう可能性があります。

これらの中間にある聞き方が「どんなことからわかったの？」という聞き方です。

この質問に、G子が「前と同じだから…」などと答えたら、過去の体験の記憶が影響した問題だとわかります。「前に悪口を言われたことがあって、そのときと似てるから、悪口を言ってるなぁってわかるんだね」と応じたいところです。多くの場合、「小学校四年生のときにも、悪口を言われたことがあって、そのときは先生に注意してもらって、謝ってくれて一応解決したけど、余計にコソコソ言われるようになって…」などと、過去の体験の記憶について話をしてくれます。

そんな場合には、「前のことを思い出すと、イヤな気持ちが出てきちゃうよね」などと、過去の体験が思い出されてくることで、不快な感情を感じてしまうのは普通であることを伝えつつ、そのイヤな気持ちを受け止めていくことが大切になります。

過去の不快な体験の記憶を心の奥に閉じ込めておくと、長期間にわたって悪影響を受けることがわかっています。思い出すことはつらいのですが、その記憶を少しずつ語ることを通して、不快な記憶の悪影響から脱していけることも知られています。過去の傷ついた体験そのものは、今からでは解決することはできません。G子の場合も、現実の解決を目指すのではなく、G子の語る記憶やG子の感情をよく聞き、受け止めていくことが求められます。

また、無理に聞き出そうとするのではなく、G子が語ってくれた内容をよく聞いて、G子の気持ちを受け止めていくことが大切です。

蛇足ですが、G子のような場合、「被害妄想が強い」ととらえることは、ある意味では正しいのです。現在のG子は、過去の体験が影響していて、ちょっとしたことを被害的に受け取っていることが考えられます。支援者は「被害妄想が強い」ととらえたことをG子への非難に終わらせるのではなく、そのとらえ方をG子への支援に活かしていく道筋を考えることが大切です。

3-3
自分の非を認めようとしない子どもへの支援

Ｉ男、小学校四年生。小六の兄はＡＳＤの診断があり、特別支援学級に通級している。Ｉ男にはＡＳＤの診断はないが、家族はＩ男にも発達障害の傾向があるととらえている。マイペースで、他人やその場の状況に合わせて行動することが苦手である。国語や算数は苦手だが、理科と社会は大変好きで、成績も良い。特に昆虫には非常に詳しい。
ある日の授業間の休み時間に、I男と数人だけが教室に残った。I男は一人で大好きな昆虫図鑑に見入っていた。休み時間が終わって担任が教室に戻ると、学級で飼っていたクワガタの水槽が床に落ちて割れてしまっていた。居合わせた子どもに話を聞くと、I男が水槽を落としたとのことであった。担任がI男に「どうして水槽が落ちたの?」と聞いてみたが、I男は「水槽が勝手に落ちた」とのこと。目撃した子どもの話を伝えても「勝手に落ちた」と言い張って自分の非を認めない。見ていた子どもから「ウソつき!」と言われ、その子どもにつかみかかって大きなトラブルに発展してしまった。また、学級の子どもに対してI男から謝罪させようと考え、「悪いことをした人はちゃんと謝らないといけない」とI男に指導した。しかし、I男は「僕は何もしていない。僕は悪くない」と言い張り続け、謝罪はできなかった。

Ｉ男の「僕は何もしていない」という言い分は、まったくのウソであるととらえられることが多いと思います。まわりの子どもの目撃もあるわけですから、Ｉ男の「何もしていない」という言い分は、指導する側にとってはなかなか受け入れることができません。またＩ男は「水槽が勝手に落ちた」と言っていますが、水槽が「勝手に」落ちることはないわけで、やはり、Ｉ男がウソをついているととらえるのが自然かもしれません。しかし、Ｉ男は「何もしていない」と言い張り続けます。

こんな場合には、どんなふうに指導できるでしょうか。目撃があることを指摘して、「ウソをついてはいけない」と指導する場合もあると思います。そして、I男がウソをついたことを認め謝罪できるようになることが指導の目標となるのでしょうか。

しかし、事例で書かれているように、必ずしもそういった働きかけはうまくいかないと思われます。

こらむ６　ＡＳＤ

ＡＳＤ（Autism Spectrum Disorders）は、自閉症スペクトラム障害のことで、自閉症とアスペルガー症候群を含む広汎性発達障害という概念とほぼ同じ内容を含む概念です（原、二〇一四）。ただし、自閉症やアスペルガー症候群という概念とは違い、ＡＳＤという概念ではこれらの障害はつながっている状態だととらえられています。これがＡＳＤという概念の大きな特徴です。

つながっているということは、「スペクトラム（Spectrum）」という言葉に表現されています。スペクトラムとは、虹のことです。虹はさまざまな色を含んでいますが、それが連続してつながっています。そのように、ＡＳＤと呼ばれる状態はさまざまなのですが、それらがつながっているのだということがこの概念では表現されています。

10秒

「いつ？」と聞いてみる

事例では「どうして水槽が落ちたの？」と聞いていますが、一般に「どうして」という質問は、非常に答えにくい質問です。

事実関係に焦点を当てて、それについて聞こうとしているのであれば、「いつ水槽が落ちたの？」と聞いてみるとよいと思います。子どもが「いつ？」と聞かれたときに、「いつだろう？」と考えてくれれば、自分の体験がよみがえってきます。そうすると、「クワガタの観察をするために、ふたを開けたら、急に水槽が落っこちた」などと、自分の体験を思い出して語ってくれるかもしれません。

「いつ？」という質問だけでは、意味がわかりにくいこともあります。「いつ落ちたの？」と聞いたあとで、「I男くんが何をしてるときに落っこちたの？」などと、より具体的に聞いてみることも良い方法です。

30秒

「びっくりしたね」と働きかけてみる

クワガタの水槽が落ちたことをめぐって、事実関係の理解が子どもによってまちまちで、事実の共通理解が難しい状況になっています。事実関係を付き合わせようと担任は努力したにもかかわらず、事実関係の共通理解ができていない状況です。そういう状況では、さらに事実関係にこだわっていくことは、かなりの大変さが想像されます。

こういう場合にこそ、事実ではなく、心の動きに焦点を当ててかかわっていくことを考えることが一つの道筋です。

例えば、Ｉ男に「びっくりしたね」などと、自分の気持ちを言葉にできるようにかかわってみること（感情の言語化）が一つです。

かなりの確率で、Ｉ男にとってもびっくりした体験だったと思われます。そのため、Ｉ男が自分自身がびっくりした瞬間の体験を語ってくれるかもしれません。びっくりした気持ちを思い出すことによって、そのときの出来事も自然と思い出されてきます。そして、「僕が、クワガタのことを観察するために、ふたを開けたら、急に水槽が落っこちてたんです」などと自分自身の体験を語るかもしれません。そこから丁寧に聞いていけば、事実関係を理解する情報もたくさん得られると考えられます。

また、Ｉ男が感じた感情は「びっくりした」という感情だけとは限りません。感情がうまく整理できないことが背景となって、Ｉ男が自分は悪くないということに固執してしまっているのかもしれません。つまり、不安な感情が強いために、さらに不安が生じる可能性のある事態を避けようとしている可能性があります。

こういった想像はいろいろとできますが、まずはＩ男の感情がきちんと言語化できるようにかかわっていくことが大切です。「びっくりしたね」というのは、その入り口になります。

本人の反応が良ければ、「水槽が割れて悲しかったね」などと、I男が感じているかもしれない不快な感情を言葉にして伝えてみることも一つの方法です。

3分 「ごめんなさい」を言えるように

日本語の「ごめんなさい」あるいは「すみません」という言葉は、自分が悪かった場合にだけ使われているわけではありません。自分が悪くなくても、相手に不快な思いをさせた場合に、相手を気遣って使われる場合が多いといえます。つまり、日本語の「ごめんなさい」という言葉は、人間関係を円滑に進めていくために大変重要な働きをしています。それだけに、子どもがきちんと「ごめんなさい」を言えるように指導しなくてはならないと考えることも、ごく自然なことです。

しかし、悪いことをしたら謝らなくてはならないという指導は、I男には通じませんでした。どのように考えていけばよいのでしょうか。

「いつ?」という質問や感情の言語化を通して、水槽が落ちたいきさつがある程度わかってきます。つまり、I男がクワガタを見ようと思って棚の上の水槽に手を触れてふたを開けていたときに、水槽が棚から落ちたのです。おそらく、水槽を手前に近づけたときに棚からはみ出してしまい、落ちたのだと推測されます。I男は、水槽が落ちてしまう可能性を考えていなかったのです。そのため、落ちてしまったあとも、自分がとった行動と水槽が落ちたことの関連がわかっていないのです。Ｉ男にしてみると思いもかけない事態が生じて、驚いた気持ちや悲しい気持ちでいっぱいになってしまっています。そのため、「自分は悪くない」ということに固執してしまっているのだと考えられます。

したがって、悪いことをしたら謝らなくてはならない、という指導を繰り返しても、Ｉ男にはなかなか受け入れられないでしょう。今の状況は、大人が必死になって指導するほど、かえって、Ｉ男は「自分は悪くない」ということに固執してしまう悪循環に陥っています。

ここで、考えてみるべきことは、日本語では、自分が悪いから謝るのではないということです。相手を気遣って謝るのだということをＩ男が理解できるように説明することが必要です。

「Ｉ男くんも悲しかったでしょ。学級のみんなも、水槽が割れてびっくりしたし、悲しかったんだよ。だから、『水槽が割れて自分も悲しかったし、みんなも悲しかったよね、ごめんなさい』と自分の気持ちを伝えておこうね」などと働きかけてみるとよいと思います。

また、「ごめんなさい」が言えないということの中には、同級生に対して言うことができないという場合もあります。その場合でも、クワガタには「ごめんなさい」と言える可能性があります。また、水槽には「ごめんなさい」と言えるかもしれません。また、水槽が学校の持ちものだった場合には、学校を代表する校長先生には言えるかもしれません。同級生に謝罪することが難しい場合には、謝罪する相手のバリエーションを考え、Ｉ男が言いやすい相手を探してみることも一つの方法です。

3-4 不定愁訴への対応

H子、小学校四年生。ほぼ毎日のように保健室に来室し、体調不良を訴えてくる。休み時間に一人で来室し、「お腹が痛いです」などと訴えるが、それほど痛そうな様子ではない。腹痛の訴えが多いが、まれに手が痛いとか、足が痛いとの訴えのときもある。体温を測るなどしてみるが、平熱で脈拍も正常のことがほとんど。手足の痛みを訴える場合も、訴えの箇所には腫れなどもないように見える。痛みなどの訴えはあっても、行動や様子を見る限りでは、普通にしているように思える。また、症状の原因に思い当たることがあるかを聞いてみるが、ほとんどの場合「わからない」という返事である。そのため、少しだけ様子を見て「つらくなったら、また来なさい」などと話すだけで学級へ帰している。なお、担任によれば、友達は少ないが、学級では特に問題もなく、あまり目立たない子で、成績は中の下くらいとのことである。

保健室に体調不良を訴えて頻回に来室する子どもへの対応も、養護教諭の先生にとっては、悩みの一つかもしれません。こんな事例は、どの学校にもあるのではないでしょうか。原因もはっきりせず、繰り返し同じような体調不良の訴えで保健室に来室してくる場合、どんなふうに対応すれば子どもにとってプラスになっていくのか、迷うところだと思います。

体調不良の訴えが続くと、甘えたいのかもしれないなどと、心理的な要因を考えがちです。しかし、まず体調不良の訴えの陰に本当に身体疾患が隠れていないかどうかを確認することが重要です。保護者と連携をとり、病院受診を促すことが第一歩でしょう。

しかし、実際のところ、病院受診をしてもはっきりとした原因がわからず、「ストレスでしょう」「しばらく様子を見ていきましょう」などと言われるだけの場合が大半かと思われます。そういった場合に、保健室で養護教諭が心理面の支援を念頭に置いてかかわることも必要になってくると思われます。

事例のポイントは、体調不良についてのコミュニケーションばかりが大きくなってしまい、それ以外のコミュニケーションがほとんどなくなってしまっているということにあります。また、大人からの働きかけは、なかなか子どもの良い変化や反応につながっていないこともポイントです。つまり、大人と子どもの相互作用がうまくかみ合っていないともとらえられます。このままの状況が続いていくと、大人の側もどうしたらよいかわからない状況に陥りかねません。

10秒

体調以外の話題で声かけをする

ごく短い時間でできる対応として、ちょっとした声かけや挨拶のときに、体調以外の話題で声かけをすることが大切です。実は、不定愁訴の訴えが多い子どもに対しては、「元気?」とか「調子はどう?」「今日は元気そうだね」などと、体調に目を向けたりそれを話題にするような声かけを行われることがきわめて多いものです。しかし、このような声かけは体調不良の訴えを助長してしまっています。

不定愁訴の訴えがある場合には、子どもはただでさえ自分自身の体調に目を向けてしまっています。そのため、ちょっとした体調の変化も敏感にキャッチしてしまいがちなのです。だからこそ、体調以外のことを話題にして、自分の体調から少しでも目をそらすことができるチャンスをつくってみることが必要です。

では、体調にばかり目を向けていることに対して、「体調のことばかり考えちゃダメだよ」と働きかけるのはどうでしょうか。実は、これはうまくいきません。この働きかけに反応した場合、いったん体調のことを考えてから、「体調のことを考えてはダメだ」と自分の心の動きを否定するという流れになってしまいます。余計に体調への注目が頑固になったりする危険性があります。だからこそ、体調ではない話題で、シンプルに声をかけることが大切です。そのほうがダイレクトであり、効果も期待できます。

どういった事柄で声をかけるのが適切かは、事例によって異なるでしょう。もしかすると、子どもが体調不良以外の話題を持っていない可能性もあります。つまり、自分自身の好きなことや得意なことが十分に育っていない可能性があるのです。そういう場合には、声かけをしていくときに、共通の話題づくりを念頭に置いて、声かけをすることも必要です。

例えば、朝のニュース番組の占いを話題にすることもできます。毎日の給食のことを話題にするのも良い方法です。毎日、同じ話題で声かけをすることで、子どもにとっても先生との共通の話題を持ちやすくなってきます。こういったかかわりを通して、コミュニケーションが体調不良についてのものだけという状態から少しずつ広がっていくことが期待できます。そして、大人と子どもの相互作用が少しずつ良い方向に動き始めていくと考えられます。

なお、念のため付け加えておきますが、子どもが体調不良を訴えてきたとき、本人は何らかの支援を必要としているわけですから、体調を心配する普通のかかわりは重要です。その上で、体調以外の話題でコミュニケーションをとるようにすることが適切です。

30秒

「元気になったら顔見せてね」と働きかける

ケガや体調不良の子どもは、一定の対応が終わったら保健室から教室へ帰すことがごく自然な流れです。そういう場合に「もし余計にひどくなったら保健室に見せにおいで」などと、状態の悪化に備えるような働きかけをすることが多いと思われます。これは、保健室の役割上ごく自然な働きかけです。しかし、不定愁訴での頻回来室の場合には、必ずしも良い対応だとはいえません。体調不良についてのコミュニケーションから抜け出せないことを助長してしまっているからです。

では、どのような声かけをして教室に戻せばよいのでしょうか。お勧めは、「元気になったら顔見せにきてね」と声をかけることです。体調不良なのに「元気になったら」と声をかけることにやや抵抗を感じる方もいらっしゃるかもしれません。その場合は、「元気になっても顔見せにきてね」と声をかけることをお勧めします。「元気になっても」という言い方は、「調子が悪い場合にも」ということが暗示されています。そのため、体調が悪い子どもに対しても言いやすい声かけだと思います。「元気になったら」という言い方は、「元気になる」ことが暗示されていますので、こちらのほうが良い変化につながりやすいと思われます。

どちらにしても、体調不良についてのコミュニケーションから抜け出す道筋をはっきりと子どもに示していて、そちらへ誘っている働きかけなのです。もし、子どもが「元気になったよ」と顔を見せてくれたら、体調不良についてのコミュニケーションから少しずつ抜け出す一歩になったととらえることができます。さらには、大人からの働きかけに子どもから良い反応が出てきたととらえられます。今までの停滞していた相互作用から抜け出し、相互作用の中で子どもの成長を引き出していける可能性が出てきます。

3分

いつ気がついたかを聞く

体調不良への対応の場合、まず原因や理由を聞く場合がほとんどだと思われます。腹痛の場合は、食事の内容や食べすぎかどうか、身体を冷やさなかったかどうかを聞くことが多いでしょう。また、体調不良が身体疾患ではなくストレスによるとわかっている場合には、ストレスの原因を理解しようとして、つらいことや困っていることがないかなどを聞くことも多いかと思われます。そういった問いかけから、自分の気持ちを見つめていくことができれば、不定愁訴も少しずつ軽減していける可能性があります。しかし、なかなか意味のあるやりとりにならず、対応に困惑してしまうことも生じがちです。子ども自身が理由や出来事と体調不良を結びつけて理解できていないからこそ、不定愁訴に陥っているからです。

では、どんなふうに聞いていけば、意味のあるやりとりになるでしょう。その一つの方法は、いつ気づいたのかを聞くという方法です。例えば、「お腹が痛いなぁって、気がついたのは、いつ頃なの？」などと聞いてみます。答えがあれば、そのとき自分や周囲の人が何をしていたのかを聞いていきます。

「いつ？」と聞くのには理由があります。一般に、人は質問されると、そのことについて反射的に考えます。「いつ？」と聞かれると、子ども自身が体調不良に気づいたときのことを考えてしまいます。体調不良に子ども自身が気づいた瞬間は、何らかのストレスが加わっている状況だと考えられます。それをはっきり思い出すかどうかが重要ではなく、考えるだけで心に変化が生じてしまうということが重要なのです。

例えば、子どもは「わかりません」と答えたとしても、それにともなって体調不良の訴えが生じてくることがあります。その場合には、「いつ？」と聞かれたことに反応していると考えることができます。思い出したくないのかもしれませんし、思い出していても話したくないのかもしれません。そんなときは、「考えるだけで、お腹が痛くなっちゃうよね」とあたたかくかかわりたいところです。体調不良が何らかのきっかけ（考えること）で生じてくることを指摘しつつ、サポートするというかかわりです。

時間を巻き戻してそのストレス状況の瞬間をやり直すことはできませんが、考えるだけでつらいという〝今ここでの状況〟をサポートすることはできます。きちんとサポートされる体験を通して、少しずつ心が安定することが期待できます。

なお、ストレス状況について「いつ？」と質問することは、不快な記憶をよみがえらせることにつながります。ですから、本人にとっての安全安心な環境を確保した中で行うことが大切です。

3-5 リストカットへの支援

Ｉ子、小学校六年生。成績は中程度で、目立たないがまじめな子である。保健室には一日に数回訪れる。保健委員会に所属しているので委員会の活動でも来室するが、委員会の活動ではなく養護教諭と雑談するために来室することが多い。養護教諭との雑談では、「○○さんが、片付けをぜんぜん手伝わないんです」など、委員会での他の子どもたちへの不満について話すことが多く、家庭での話はほとんどしない。

ある日、左手の手首に大きい絆創膏が貼ってあるのが袖口から見えた。養護教諭が聞いてみると「何でもない」との返事が続いたが、しつこく尋ねると、「昨夜リストカットをした」ということがわかった。リストカットは三回目で、昨夜は今まででいちばん深く切ってしまったとのことであった。母親がうるさく、言い争いになってしまい、イライラして自分の部屋でリストカットしたとのこと。予想以上に傷が深くなって驚いたが、上からティッシュで押さえて止血したという。あとから、家族に見つからないようにこっそりリビングの薬箱から絆創膏を持ってきて、自分で貼ったとのことであった。養護教諭が傷口を確認すると、傷口は長さ三～四センチで、ふさがっていてさらに手当てが必要な状況ではなかった。

学校現場では、リストカットは、「気を引くためにやっている」などととらえられることが多いように思われます。その理解に基づいて、〝とりあわない〟〝叱る〟などという指導になりがちです。こういった指導をすると、リストカットが沈静化したように見えることもあります。「とりあってもらえないから」とか「叱られるから」という理由でリストカットをしなくなったように見えます。

一方、調査や研究の結果からは、「大半は演技的・操作的行動ではない」（松本、二〇一五）といわれています。つまり、〝とりあわない〟〝叱る〟という指導は、効果的ではない可能性が高いのです。〝とりあわない〟〝叱る〟という指導の結果、大人の見えないところでリストカットが継続してしまうことが多いようです。では、どんなふうに指導・支援していけばよいのでしょうか。

10秒

「やめなさい」より「とめたい」と言ってみる

子どものリストカットに気づいたとき、学校の先生方は「やめなさい」と指示したり、「自分で自分を傷つけてはダメだよ」と叱ったり、「やめたほうがいいよ」と諭したりしていることが多いと思われます。しかし、リストカットなどの自傷行為では、その行為をとがめたり、叱ったりすることは、その行為を減少させるのには、ほとんど役に立ちません。子どもたちのさまざまな問題行動は〝症状〟という側面があるため、指示されてもその行動をやめることは非常に難しいのです。そして、叱られたりとがめられたりした場合には、自傷行為は誰にも知られないように潜在化して繰り返される危険性が高くなるといわれています。

実は、「やめなさい」などの指示は、先生など支援する側にある理由から言われることが多いのです。第一には、学校では、大人が子どもに何かを教えたり、指示したりすることがごく通常のかかわりです。そのため、リストカットへの支援の場合でも、そういったかかわりが自然と出てくるのだと考えられます。第二には、学校という公的な教育機関という立場では、社会の常識に沿った対応が求められるからです。そのため、危険な行動は「とめる」ということがごく当たり前の対応になるのだと思われます。第三には、支援する側の不安から、やめるように指示してしまうという側面があります。「やめなさい」という指示に対して、子どもから肯定的な反応が得られれば支援する側は安心できるからです。

つまり、理屈としては、やめるように指示するのは良い対応ではないのですが、学校の先生方としては、やめるように言うことが自然な対応である……。リストカットへの対応では、こうした矛盾する状況に先生方は置かれています。

そこで、子どもに対して「やめなさい」と指示するのではなく、「とめたい」と言ってみることをお勧めします。「先生がその場にいたら、とめたいよ」などと言うのです。また、「やめなさいと言いたい」と言うこともできます。これらは、子どもを叱ったり指示したりする働きかけではなく、支援する側自身の心の動きが言葉として表現されたものです。

「やめなさい」と言うことは簡単なのですが、リストカットの場合、残念ながら、言われたからといってやめることはきわめて難しいようです。そのため、「やめました」とウソをつくようになるか、外からは見えにくいところを自傷するようになるか、こちらのかかわりそのものを避けるようになるかのいずれかに陥ってしまいます。

「やめなさい」とは言わないけれども、「とめたい」気持ちや「やめなさいと言いたい」気持ちを伝えることはできるのです。こんなふうにこちらの気持ちを伝えると、子どもからは「やめなさいって言われたって、やめられないよ」などという答えが返ってきます。一般に、リストカットなどの自傷行為では、つらい気持ちから一時的に逃れるために、「やめたくても、やめられない」という葛藤状況に陥っています。その葛藤状況を子どもと一緒に理解し考えていくことが非常に大切です。「やめなさいって言われたって、やめれられない」という言葉を手がかりにして、その「やめたくても、やめられない」葛藤状況について話し合っていくことができます。

30秒

不快な感情を言葉にする

最近では、インターネットにさまざまな情報が氾濫していて、リストカットについても「スッキリする」などという情報を子どもでも目にすることが多いようです。リストカットの背景には不快な感情があるため、そういった情報に助長されて、リストカットに至る子どもも多いといわれています。

I子の場合は、母親との言い争いがリストカットのきっかけになっています。そのときに、I子には怒りや寂しさなどの不快な感情があふれてきていたのではないかと思われます。そして、リストカットという行動によって、その不快な感情が「スッキリする」ことができたのだと思われます。リストカットではなく、適切な方法で不快な感情を処理できるようになることが大切なのです。そのために必要なのは、不快な感情を言語化することです。不快な感情を言語化できると、その感情を脳の中で処理することが促され、感情に振り回されにくくなります。I子が不快な感情を言語化できるように支援していくことが求められます。

そのため、リストカットの経緯について話したときには、そのときに生じた感情を話すように促してみることが大切です。例えば、「言い争いになって、すごく腹が立ったのかな?」などと聞いてみるのです。すると、I子から「すごく腹が立ったし、イライラして…」などと自分の感情についての話が出てくるかもしれません。I子が自分の言葉で感情を語ることができたので、非常に良いやりとりになっていると考えられます。

ところで、I子は、保健室では委員会での他の子どもたちへの不満を話すとのことです。普段から、不快な感情を言語化していけるように働きかけることも、大変な状況のときに感情を適切に処理できることにつながっていきます。例えば、「○○さんが、片付けをぜんぜん手伝わないんです」という表現は、他人のことについて言葉にしていますが、I子自身の感情は表現されていません。それ以外にどのような話をしているのか具体的にはわかりませんが、自分自身の気持ちをきちんと言葉として表現できているかどうかは、非常に重要なポイントです。

例えば、I子が「ひどい」と言ったとしてます。「ひどい」というのは、「○○さんがひどい」という○○さんについての評価や判断であって、I子自身の気持ちや感情ではありません。「○○さんが、片付けをぜんぜん手伝わない」という状況のときに、I子自身にどのような気持ちが生じたのかについて言語化できるように促していくことが大切です。例えば、「片付けを手伝ってくれないから、腹が立つよね」などと促してみるのもよいと思います。

3分

誰かに助けてもらう姿勢を育てる

I子は、母親とのかかわりや友達とのかかわりの中で、不快な感情を抱えています。不快な感情は人とのかかわりの中で生じたものです。しかし、I子はその感情を自分一人で処理して、その後も誰にも気づかれないように、まるで何事もなかったように生活をしていると思われます。

その姿には孤独が感じられます。ダメな自分や傷ついた自分を自分自身でも受け入れられず、その自分を隠して生活をしているような側面があるのだろうと想像されます。だからこそ、I子一人で自分の不快な感情をリストカットによって処理するのではなく、人に頼ったり、助けてもらったりするように変わっていけることが大切です。そういう自分でも人に見せられて人から助けてもらえるということが、I子をしっかりと支えていくことになります。

そのためにまず大切なことは、リストカットのことを最初は隠そうとしていたのに、きちんと自分で認めて話をしたことについて、肯定的にフィードバックすることです。「ちゃんとお話ししてくれて良かったと思うよ」「話してくれたのは勇気があるね」「話してくれてありがとう」などと、伝えたいところです。

また、次にリストカットをさせないことよりも、次にリストカットしたら、必ず保健室で手当てを受けるように伝えることも大切です。ケガが治っていたとしても、きちんと見せるようにI子に伝えて、その約束をしてもよいと思います。

理由は何であっても、手当てが必要な傷や体調不良には、保健室で適切なケアをするのは当たり前のことです。リストカットなどの自傷行為の場合、必要な手当てをやらない子どももいます。直接の自傷行為だけではなく、その後の手当てをしないことも、広い意味の自傷行為に含めて考えてもよいと思います。だからこそ、傷を見せてもらい、必要な手当てをすることが大切なのです。I子が他者からケアを受けるに値する存在だということを、行動や現実としてきちんと伝えていくことになります。

また、今回は偶然に発見できたわけですから、以前にも保健室で言いたいと思ったけれど言えなかったことがあるのかもしれないと、想像してみることをお勧めします。想像してみた上で、「前のときは、先生に話してみようとちょっとくらい思った?」などと聞いてみるのです。もし、ごくわずかであっても話してみようと思ったとのことであれば、そのことはきちんとほめたいところです。「話してみようと思ってくれたのは、良いことだよね」「話そうかなぁって考えてくれたのは、ありがたいね」などという感じです。そして、「そのときは、言わないまま教室に戻っちゃったんだね。なんか余計につらくなっちゃったかもしれないね」などと働きかけることができます。現実では、過去のその時点のＩ子にはサポートは届かなかったのですが、Ｉ子の心の中には、サポートを届けることができるのです。

3-6
現実感の低い話をしてくる子どもへの支援

Ｊ男、高校一年生。マイペースで、周囲の人の気持ちや状況を考慮しない言動が目立つ。小さい頃から仮面ライダーシリーズの大ファンで、きわめて豊富な知識があり、誰彼関係なく、仮面ライダーについて話すことが多かった。中学生の頃からは、あるアイドルアニメの大ファンになった。高校生になって、自分でつくりあげた架空のアニメアイドルのキャラクターを応援するようになった。休み時間も教室に居合わせた教師に対して、そのアイドルキャラクターの話を一方的に話すことが多い。そのアイドルと一緒に出かけたエピソードや、長電話をしたエピソード、誕生日にお祝いをしてくれたエピソードなど、現実感のない話がほとんどである。J男の「空想」であることを指摘すると「そんなことない」とさらっと否定するだけで、また続きを話すことが多い。

ASDやその傾向のある子どもたちが、現実感の乏しい話を面接の場面やちょっとした空き時間に延々と話し続けてくることがあります。電車や歴史の知識を一方的に話してくるのであれば、聞く側の心の中にも収まりどころがあります。しかし、異性関係への憧れや恋愛感情を含んだストーリーは、聞く側にとっては、どのように受け止めどのように返していったらよいのか迷うことが多いと思います。

こういった場面では、話すことを単純に禁止しても、なかなか話すのをやめることはできないと思われます。また仮に、禁止することによって子どもが話さなくなったとしても、本人の心の中では誰にも知られずにストーリーがどんどん膨らんでいってしまう可能性もあります。こういったことから、やはり禁止することは効果的ではないと思います。では、どんなふうに考えていったらよいのでしょうか。

10秒

「ファンタジーだね」と働きかける

　J男が話してくる架空のアイドルの話は、明らかにJ男の「空想」です。しかし、J男は「空想」だと認めたくないようです。「空想」だと指摘されることは、J男にとっては自分の大切な思いが否定されていることと同じなのかもしれません。一方、話を聞く大人の側にすると、J男の話は「空想」としかとらえられませんので、J男が「空想」と認めてくれないのは大変な心理的負担となります。さらには、J男が「空想」と現実とを区別なく話してくることで、J男の話を受け止めづらくなってしまいます。そのため、どんなふうにJ男の話を聞き、どんなふうにJ男にかかわったらよいのかがわからなくなってしまいがちです。したがって、聞く側がしっかりとJ男にかかわっていくために、J男の話と現実の境目をつくっていく必要があります。

　その境目をつくっていくためには、J男の話を何らかの概念や言葉でひとまとめにしていくことが必要です。もちろん、「空想」という言葉でもよいのですが、この場合はJ男がそれを受け入れなかったので、うまくいきませんでした。お勧めは「ファンタジー」でひとまとめにしてみることです。「ファンタジー」には「現実ではない」という意味が含まれていますが、肯定的なニュアンスがあります。「ファンタジーだね」と言ってみると、J男が受け入れてくれる可能性もあると思われます。できれば、「○○ファンタジー」のように、J男やアイドルの名前を使って固有名詞としてひとまとまりにできると、さらにまとまっている感じが強くなるように感じます。また、もしＪ男の抵抗があるような場合には、「ファンタジー風だね」などと曖昧にしてみるのも有効な方法です。

Ｊ男の現実感のない話は、夢や憧れが架空のアイドルの話として形になっていると考えられるので、「ファンタジー」という言葉でまとめるのが適切だと考えられます。他の事例では、生や死、命というものについての抽象的な話が繰り返し出てくる場合もあります。そういう場合には、「哲学」という言葉でまとめていくことも一つの道筋です。また、「アート」という言葉でまとめていくことができる事例もあります。いずれにしても、現実感のない話は、何らかの言葉を使ってひとまとまりにして、現実との境目をつくり出していくことが大切だと思います。

30秒

気持ちに焦点を当ててかかわる

Ｊ男の話は、夢や憧れというＪ男の気持ちが具体的な形になったものだと思われます。つまり、アイドルの具体的な話の内容よりも、Ｊ男自身の気持ちの動きが、重要な焦点だと考えられます。

例えば、Ｊ男が「昨日は僕の誕生日で、〇〇ちゃんが手づくりケーキを家まで持ってきてくれてお祝いしてくれたんだ」と話したとします。こちらは「手づくりケーキを持ってきてくれたんだね」とは応じにくいものです。それが事実であるかのように応じてしまうと、Ｊ男の心の中で「空想」が現実のように感じられることを助長してしまうのではないかと不安を感じるからです。

ここでは、具体的な話の内容ではなく、Ｊ男の気持ちに焦点を当てて応じたいと思います。例えば、「うれしかったね」と応じるのはどうでしょうか。「ケーキを持ってきてくれたんだね」よりははるかに言いやすいかもしれません。しかし、「うれしかったね」という言葉は、「うれしかった」という過去形で、過去の事実関係を表現することになってしまいます。したがって「うれしかったね」と応じてしまうと、そういう体験があったという印象を強めてしまいます。

そこで、例えば、現在形を使って「そういうのってうれしいね」と応じてみます。事実を受けている感じではなく、Ｊ男の気持ちを受け止めている感じが強くなっていると思います。Ｊ男にとっても、自分の気持ちが伝わったと感じられるのではないかと想像されます。こんなふうに、現在形を使って気持ちに焦点を当てて応じていくことが望ましいと考えられます。

3分

今の感情を言語化する

Ｊ男の気持ちの動きに焦点を当てて対応していきますが、Ｊ男の気持ちの動きには、二種類あります。一つは、ストーリーの中のＪ男の気持ちです。もう一つは、そのストーリーを語っている今現在のＪ男の気持ちの動きです。〈30秒〉の項目で書いたのは、ストーリーの中のＪ男の気持ちに応じることでした。ここでは、ストーリーを語っている今現在のＪ男の気持ちに応じていくことについて説明していきます。

Ｊ男は、架空のアイドルの話を想像し話しているその瞬間も、大きく気持ちが動いているはずです。おそらく「楽しい」とか「うれしい」とか「わくわくする」とか、強いプラスの気持ちを感じていると思われます。しかもそれは、現実の今の体験です。アイドルの話は現実の体験ではありませんが、その話をしている瞬間の感情の動きは現実の体験なのです。だからこそ、話の中身よりも、今現在の感情に焦点を当ててかかわっていくことが、意味のあることになると思われます。

例えば、J男は、架空のアイドルの話を数分間話すだけで、プラスの気持ちが強くわいてくると思われます。その段階で、「考えるだけで、うれしい気持ちでいっぱいになるね」「想像してると、わくわくしてくるよね」などと、今現在の感情について言語化していくことができます。〈10秒〉のところで「ファンタジー」としてひとまとまりにすることを書きました。今の感情を言語化していくという方法は、その方法とセットにしてJ男に働きかけるとなお良いように思われます。例えば「○○ファンタジーを話しているときのJ男くんからは、本当に楽しい気持ちがたくさん伝わってくるね」などとフィードバックしていくことも一つの方法だと思われます。

第4章

保護者との連携場面で

4-1

保護者からのクレームへの対応

K男とL男、ともに中学校一年生。学級でK男とL男の間でトラブルがあり、担任は二人を指導し、二人の保護者にも報告をして一通りの対処をした。後日、K男の母親から電話があり、母親はL男や学校への不満を話してきた。K男の母親によれば、L男とのことでK男は苦痛を感じながら我慢して学校へ通っているとのこと。L男とはトラブル続きでK男は被害を受けていて、K男には対処のしようがないとのこと。欠席が続くようになったら取り返しがつかないので、学校はもっとしっかり対応してほしいとの強い要望であった。担任は、K男が被害を受けていることについて改めて謝罪を伝えた。そしてL男も成長していることを伝え、今回の指導でさらに成長が期待できることを伝えた。しかし、K男の母親は、担任の指導では限界があって、L男が成長するのを待つのはおかしい、L男の転校以外に方法がないと強く主張してきた。担任が、L男本人の要望がない状況で転校は不可能であることを説明し、学校としての今後の対応を説明したが、K男の母親の理解は得られず平行線に終わった。

保護者との連携は、大変重要なことです。問題状況が大きい場合には、保護者の多くは自分の子どものことを心配に思うあまり必死になって学校にかかわってきます。まずは、保護者のそういった心情を理解し、その心情に共感することが基本となると思われます。

K男の母親に対しても、まずは共感的にかかわりたいところです。しかし、学校で生じたトラブルがもとになっていますから、「ご心配ですね」などと言うと、他人事のような感じを与えるという危惧もあります。「K男くんのことを大切に思っている気持ちが伝わってきます」などと、K男を思う母親の気持ちに共感的にかかわっていくことが大切です。さらに、その上で保護者と連携していく際に工夫できる点について書いていきます。

10秒

「ありがとうございます」と感謝を伝える

保護者からクレームや強い要望があったときには、できるだけ早い段階から、何度も感謝の言葉を伝えるようにすることをお勧めします。具体的には「わざわざ教えてくださって、ありがとうございます」などという感じです。

「すみません」と言いがちですが、「ありがとうございます」と言える場合には「ありがとう」を優先させます。「時間をとらせてしまい、すみません」よりも「時間をかけてくださって、ありがとうございます」、「お手数をおかけして、すみません」よりも「ご協力いただいて、ありがとうございます」と応じることをお勧めします。この事例の場合には、「〇〇とお考えなんですね。

わざわざお気持ちを教えてくださって、ありがとうございます」と伝えたいと思います。

一般にクレームや強い要望への対応では、相手をなだめようと丁寧に低姿勢で対応することが多く、「すみません」という言葉を使いがちです。謝るべきことはきちんと謝ることが社会の基本です。しかし、保護者との良い関係性を築いていく場合には、「すみません」と謝るだけではかえって逆効果の側面があります。「すみません」の持つ言外の意味が足を引っ張るからです。

日本人は、さまざまな場面で「すみません」という言葉を使います。例えば、電車で席を譲ってくれた相手に「どうもすみません」などと返します。相手の気遣いや心配りに対して謝意を表しているので、実はこの場合、「ありがとう」と言ってもよいのですが、「すみません」と言うことが多いようです。また、謝罪の場合にも使われます。こちらに非があり、相手は正しいというこちらの理解を伝えています。単純に言えば、こちらが悪くて、相手が正しいという関係性になります。つまり「すみません」という言葉は、利害が対立する関係性の中で使われる言葉です。ですから、「すみません」という言葉を使うことによって、相手との関係性が、利害が対立する関係に引き寄せられてしまいます。一方、「ありがとう」という言葉には、こちらに非があるという意味は含まれていません。こちらは悪くなく、相手も正しいという関係性です。利害が一致し協力する関係性の中で使われる言葉です。そのため、「ありがとう」という言葉を使うことによって、相手との関係性が協力する関係性に引き寄せられていきます。

この違いは、「自他肯定（I am OK. You are OK.）」の基本的な構えか、「自己否定・他者肯定（I am not OK. You are OK.）」の基本的な構えかということです。「ありがとう」と言う・言われる関係は、

「自他肯定」の基本な構えで、一緒に同じ目標に向かって協力している関係です。本来、教師と保護者は、子どものより良い成長を目指す協力している関係です。「ありがとう」という言葉を使い「自他肯定」の基本的な構えを示すことは、その関係性に立ち戻ることに役に立つと考えられます。

こらむ７　「自他肯定」の基本的な構え

交流分析では、人間の基本的な構えを「自他肯定」「自己否定・他者肯定」「自己肯定・他者否定」「自他否定」の四つに分類しています（池見・杉田、一九九八）。このうちの「自他肯定」という構えが、交流分析が目指す理想的な人生態度です。それ以外の三種類の否定的構えが、さまざまな人間関係における困難さにつながっているとされています。支援者が「自他肯定」の基本的な構えを保つように意識することは、支援する関係を保っていくために役立つと考えられます。

30秒

改まった場面設定を促す

事例では、K男の母親からの要望を電話で受けていました。しかし、電話でのやりとりは非常に難しいものです。面と向かって話している場合には、表情などによって、こちらの態度や姿勢が相手に自然に伝わっていきます。こちらが真剣にかかわれば、その真剣さが自然に相手に伝わるので、相手の心も落ち着くものです。しかし、電話では表情や身振り手振りなどはまったく伝わりません。伝わるのは、言葉の中身が主になってしまいます。言葉の中身だけで相手との信頼関係をつくっていくことは非常に難しいので、難しい状況でのやりとりを電話で行うことはできれば避けたいものです。

そのため、基本的には、来校を促して、面談をできるように考えていくことが非常に大切です。例えば、「大切な話なので、ぜひお顔を拝見しながら、お話をおうかがいしたいと思います。学校へ来ていただいて、聞かせてください」などと促します。「電話ではなんなので…」という言葉で来校を促している場面を見かけますが、はっきりと丁寧に「大切な話なので」「お顔を拝見しながら」と伝えるほうが適切です。はっきりと丁寧に伝えることは、相手を大切にしているという姿勢を伝えることになります。

なお、学校で話す場合には、校長室などの改まった場面設定で行うほうが効果的です。やはり、相手を丁寧に大切に扱っているという姿勢を示すことになります。

3分

保護者の目的地を理解する

事例では、K男の母親は、L男を転校させるように要望してきました。保護者の要望は、保護者自身にとっては、自分の子どものためを思い、いろいろと思い迷って出てきた一つの考えです。つまりは、子どもを思う気持ちそのものともいえます。一方、学校としては、保護者からの要望は、子どもを指導・支援していく一つの方向性や方法論としてとらえられると思います。そのため、学校はその要望が実現可能か、実行可能かということをまず考え、その点から保護者に回答をすることが多いと思われます。保護者の多くは学校の現実に合わせて要望をしてくるわけではないので、要望は学校としては実現困難なことがほとんどです。そういったわけで、保護者の要望は学校としては受け入れられないことが多く、保護者としては「学校から拒否された」「自分の思いを否定された」という体験になることが多いのです。

この事例でも、L男を転校させるという要望は、学校としては受け入れられません。しかし、K男の母親にとっては、学校が受け入れてくれないということは、被害を被った上に学校から否定されるという二重のダメージを負うような体験となります。では、どうしたらよいでしょうか。

実は、K男の保護者の「L男の転校」という要望は、〝手段〟を要望しているととらえることができます。K男の保護者が本当に求めているのは〝手段〟ではなく、〝手段〟によって達成される（と思われる）〝目的〟です。学校としては、〝手段〟は受け入れられないことが多いかもしれませんが、〝目的〟は受け入れられることが多いものです。そこが、かかわり方の重要な焦点となります。

〝交通手段〟と〝目的地〟にたとえて考えてみます。母親は「バスで行ってください」と、〝交通手段〟を要望してきています。バスでどこに行くかという〝目的地〟については、その要望からは明確ではありません。担任は「バスはダメです」と〝交通手段〟を否定しますが、〝目的地〟については何も話していません。通常、出かける場合には〝目的地〟が重要で、〝交通手段〟はそれに比べると重要ではありません。担任と母親は、〝交通手段〟ではなく〝目的地〟について話をしていく必要があるのです。もし、担任と母親の目指す〝目的地〟が同じであったとしたら、〝交通手段〟の重要性は低くなると思われます。

本来、学校教育で目指している子どもの成長と、保護者が目指している子どもの成長は、それほど違いはないはずです。もともとは、〝目的地〟はおおむね同じなのです。何らかのトラブルが生じてしまうと、もともと同じだったことをお互いに忘れてしまいがちなのです。そこで、〝目的地〟を明確にするような投げかけをしてみることをお勧めします。

例えば「○○すると、どんな良いことが起きそうですか？」というように聞いてみるのです。事例の場合、「L男くんがもし転校するとしたら、K男くんにとってはどんな良いことが起きそうだとお母さんはお考えですか？」と質問してみます。もしかしたら、K男の母親は「安心して学校へ通えるに決まってるじゃないですか！」などと、怒りの混じった口調で答えるかもしれません。それでも担任としては「安心して学校へ通うということは本当に大切なことですよね」などと、母親の考えに対して同意することができます。なお当然ですが、「L男くんが転校してくれたらいいですよね」などと、L男の転校に同意することはできません。

「安心して学校へ通うことが大切」との〝目的地〟が同意できたわけですから、担任と母親は同じ〝目的地〟を目指す協力関係なのだとはっきりとわかります。それがはっきりとわかったからこそ、担任も母親も安心して連携し、協力していくことができるのです。さらに〝交通手段〟についても、一つに決めつけてしまうのではなく、K男のために本当に適切な〝交通手段〟を幅広く考え直してみることができます。それは、学校と家庭の連携があるからこそ、実現できることなのです。なお、この〝交通手段〟はワンツ、〝目的地〟はニーズとして理解できます（こらむ2〔28頁〕を参照）。

4-2

保護者との関係づくりからの支援

M男、小学校二年生。学校では、落ち着きがなく、席に座っていることが難しく、板書もノートにきちんと写せない。また、順番が守れず、他の子どもとトラブルになってしまうことも多い。他の子どもから注意されると、その子をたたいたりかみついたりしてしまう。担任は本人のニーズに合わせて支援しようと心がけているが、学級での対応だけでは限界を感じている。そこで、M男が苦労している様子を家庭に伝えて保護者にも問題意識を持ってもらいたいと考え、連絡帳で些細な問題でも伝えるようにしている。また、他の子どもとのトラブルは、ちょっとしたことでも電話をかけて、母親と共通理解を図るように心がけている。母親は、担任からの情報提供や働きかけには応えてくれるが、自分から学校の様子を聞いたりするような積極的な動きはない。また、家庭での様子を聞いても、「大丈夫です」「特に問題ありません」などとの返答が多く、具体的な状況がつかめない。そのため、担任は、母親の問題意識が薄いことがいちばんの問題ではないかと考えている。どのように、母親と連携していくか困っている。

10秒

「できたこと」を積極的に伝える

担任は、M男が学校で苦労していることを連絡帳や電話連絡などで、家庭と情報共有を図ろうとしています。これは、M男の成長を願ってのことです。しかし、母親にしてみると、学校から来る連絡の大半が、M男が苦労していることやトラブルについてのものになってしまっています。自分の子どもが学校で苦労していることを聞くことは、親にとって、決してうれしいことではありません。そのような心理的な負担が大きいために、学校の様子について質問するなどの積極的な動きを見せないという可能性も高いと思われます。

そこで、M男の苦労や直面しているトラブルを伝えるだけではなく、M男の「できたこと」を積極的に伝えることを大切にしていくことが求められます。例えば、「今日はM男くんは、国語の時間中ずっと席に座っていて、漢字のドリルもきちんと書けていました」などということを伝えることが大切です。こういった良い面を伝えられると、母親としても安心できるだけではなく、担任に対しても肯定的な印象を持つようになると考えられます。

また、「今日、〇〇ができました」とわざわざ伝えるということは、言外に「いつもはできていません」ということを伝えているのです。母親は「いつもはできていない」ということを理解しつつも、「今日はできた」と知ることは、うれしいものです。それをもとに、M男のちょっとした良い行動を担任と母親とで一緒に喜ぶような関係を保つことが大切です。それは、担任にとっても母親にとっても、M男にとっても、幸せなことだといえるでしょう。なお、できたことを伝えるときには、「お家でもほめてあげてくださいね」と付け加えることも大切です。

また、「できたこと」は、問題やトラブルを伝えるときについでに付け加えるのではなく、「できたこと」だけを伝える連絡をすることも非常に重要です。「今日は、M男くんが〇〇ができたので、そのことをお母さんにも伝えたいと思って、電話しました」などとわざわざ電話して、「できたこと」だけを伝えるのです。母親に対してのインパクトも大きく、担任がM男の成長を願っていることも強く伝わっていきます。

なお、どんな子どもでも、どんな状況でも、「できたこと」は毎日毎日、積み重なっているはずです。どうしてもそれが発見できない場合であっても、家庭と協力して支援を進めていくためには、その子どもの良い面を伝えていくことは重要です。

「M男くんには、優しいところがありますよね」「M男くんには、賢い面がありますね」などと漠然とでも構わないので、肯定的な側面を伝えていくことが必要です。「優しい面」や「賢い面」を担任として実感できていなくても、伝えてみることをお勧めします。今は発見できていないだけで、「優しい面」や「賢い面」はどんな子どもにも必ずあるからです。良い面があると担任が思ってくれていることは、母親にとっては担任との連携や協力の基盤となります。

30秒

成長の目標を伝える

担任は、M男が苦労しているところやトラブルを家庭に伝えていました。それは、M男の成長を願って、家庭と連携しようとしているからこそです。しかし、そういう成長を願う気持ちそのものを母親に話したりすることは、M男の苦労を伝えることに比べて、少ないことが一般的です。M男の成長を共に願う気持ちが、連携のスタート地点です。まずは、その気持ちが共有できるようになることが大切です。

例えば、「M男くんの成長を一緒に支えていきましょうね」などと母親に話すのも一つの方法です。しかし、これだけでは漠然としているため、具体的に何をすればよいのかがよくわかりません。そこで、M男にこんなふうに成長してほしいという目標を、具体的に母親に伝えてみることをお勧めします。例えば、「まずは、ノートをきちんととれるようになってほしいと思っています」などと、できるだけ具体的に母親に伝えてみるのです。

「ノートをきちんととれるように」ということが目標になるということは、現状ではノートがとれていないということです。目標を伝えることによって、母親に現状を理解してもらうことにもつながります。また、目標がはっきりすれば、焦点が絞られてくるので、母親の立場としても子どもの学校生活の実情に目を向けやすくなります。

この「成長の目標を伝える」ということを、〈10秒〉で述べた「できたこと」を伝えるということと組み合わせて母親とかかわっていくと、連携がより充実すると思われます。

3分

他の家族の意見について聞く

一般に、人と人とがかかわり合っていくためには、話題が必要です。例えば、初対面の人同士の場合に共通の話題がなかなか見つからず、何をどのように話せばよいかわからず、気まずい思いをすることもあります。事例の担任と母親とでは、M男の様子が共通の話題となるはずです。しかし、M男の現状についての情報提供は、担任からのものがほとんどでした。担任は母親からも家庭の状況について聞こうと試みましたが、うまくいっていません。M男のことを共通の話題として一緒に話し合って、緊密に連携するまでには至っていません。母親の心理的な負担が大きく、自分のとらえ方や考え方を担任に伝えていくことが難しかったのかもしれません。

こういった場合、母親自身のとらえ方や考え方ではなく、母親以外の家族の意見について聞いてみるのも一つの方法です。しかし、「M男くんのお父さんは、何かおっしゃっていますか？」などと聞くと、父親のかかわり方について何か指摘されるかもしれない、といった不安が生じてしまう危険性があります。

いちばん聞きやすいのは、きょうだいの意見です。下のきょうだいでも構いません。例えば、

「M男くんの弟さんは、お兄ちゃんについて、何か言ってますか？　お兄ちゃんに勉強教えてほしいとか、遊んでほしいとか、何かM男くんに頼ったりお願いしたりすることってありますか？」などと、聞いてみるのです。

こんなふうに聞いてみると、多くの場合、「家では、M男はお兄ちゃんというよりは下の子と同レベルで、ちょっとしたことでケンカしてばっかりなんです」などと、家庭内でのきょうだい関係の現状についての話が出てきます。さらには、「お兄ちゃんは、勉強しないで遊んでばっかりでずるいと弟が言っている」などと、M男の直面する問題に関連した内容が出てくる可能性もあります。より具体的に「どんなところについてずるいと言っているのか」を詳しく聞いていくことを通して、M男の家での様子の一側面を理解することができます。

このような会話から見えてくるM男に関する家族のとらえ方や考え方は、母親と連携してM男への支援を考えるための共通の話題の一つとなります。良い・悪いや正しい・間違っているということを判断するためではなく、一つの材料となるのです。「弟さんから見たら、そういう面もあるんですね」という姿勢で聞くことが重要です。

自分と直接かかわりのある話題を他者と共有して話をすることは難しいのですが、自分と関連の少ない話題は、他者と共有して話をしやすいものです。家族から見たM男の様子は、母親自身との関連が少なくなります。そういう話題を共有して話し合っていくことで、保護者は少しずつ連携の練習をすることになります。

4-3

保護者に知らせなくてはならない場合の対応

N男、小学校四年生。多動傾向があり、授業中に離席することがある。昼休みに遊んでいるとき、N男が順番を守らずP男の使っていたボールを取り上げたため、P男とトラブルに。P男から順番を守るように言われたところ、N男は怒り出して、P男に「うるさい！　バーカ！」などと暴言を言った。P男から「先生に言いつける」と言われ、P男につかみかかってしまった。近くにいた教師が制止したが、P男の顔に爪でひっかいた浅い傷がついた（出血はない）。N男は反省してP男に謝罪。P男もその謝罪を受け入れた。以前、トラブルを母親に知らせようとしたときにN男から強い抵抗にあったため、母親への連絡について迷う状況である。

10秒

頑張っていることを伝える姿勢で

N男には「お家の人には、どんなふうに言えばいいかな？」と投げかけてみるのが一つの方法です。言うか言わないかを考えさせずに、伝えることを前提に内容を考えさせていますので、伝えないでほしいという選択肢が出てこない可能性があります。

実は、母親に伝えるべきことは、何よりも「きちんと反省できたこと」「謝ることもできたこと」です。そして、「P男には許してもらえた」ということです。こうした良いこと（リソース）を母親に伝えるということに焦点を当てて、N男に理解してもらうことが必要です。問題を家庭に伝えるという姿勢ではなく、問題はあっても、N男なりに頑張っていることを家庭に伝えるという姿勢が大切なのです。N男からすると、自分が自分なりに頑張っていることを、学校や家庭がみんなで応援してくれているということを感じるいいチャンスになります。

30秒

「自分から言ってごらん」と子どもに促す

また、自分から母親に言うようにN男に働きかけてみることもできます。N男に「自分から言ってごらん」と働きかけた上で、何をどんなふうに言えばよいかを考えさせます。N男自身が自分で自分の頑張っていることを発見し、自分で理解する体験につながります。

例えば、「自分でお母さんに言うとしたら、どんなふうに言うの?」と質問してみることができます。ポイントは、生じた問題（P男にケガをさせたということ）と、問題にきちんと対処してひとまず解決できたという二点です。その両方にN男が気づき、母親に報告できるように支援することが重要です。

また、事後指導の際には、再発防止のための指導も行われると思います。例えば、「順番を抜かさない」などということが指導に出てきたかもしれません。そのことを思い出させ、保護者に伝えられるように、支援することも大切です。

こういった働きかけは、事後指導を一回限りで終わらせないための支援になります。N男が保護者に伝える内容を考える際にも指導された内容を思い出し、さらには、家庭で保護者に話すときにも指導された内容を思い出し、自分から説明するからです。何度も思い出し、自分から説明することは、指導された内容がしっかりと心に定着していくことを促進していくと考えられます。

3分

「味方が必要だよね」と投げかける

このように働きかけていっても、保護者に伝えることにN男が強い抵抗を示す場合もあります。こういった場合には、「味方」という視点をN男が持つように促し、N男自身にとっての味方を確認していく作業が必要になります。

まず、「N男くんは、いろいろ頑張っているから、そういう人には味方が必要だよね」と投げかけてみます。「頑張るのは良いことだけど、一人で頑張ってると、できないことや困ることが増えるよね。だから、自分で頑張ることと、助けてくれる味方を増やすことの両方が大切だよね」などと説明します。ほとんどの場合、この投げかけには肯定的な反応が得られます。

そこで、N男にとっての味方を確認していきます。「N男くんの味方にはどんな人がいるか教えて?」と聞いてみます。スラスラと友達や担任の名前が出てくるかもしれません。万一、出てこない場合には、具体的に「〇〇くんは、授業中に鉛筆を貸してくれてるでしょ。N男くんの味方だよね」などと投げかけつつ確認していきます。こういう場合にも、保護者や家族の名前はあまり出てきません。そこで、「N男くんのお父さんやお母さんも、N男くんの味方だよね」と投げかけます。指折り味方を数えつつ、「たくさん味方がいるよね」と投げかけ、「いちばん大切な味方は誰かな?」などと聞いて、保護者が特に重要な味方であることに気づかせます。「今回のP男くんとのことで、お母さん（お父さん）という味方に、N男くんがいちばんわかってほしいことは何だろう?」などと投げかけてみます。こういったやりとりを通して、自分の努力を理解してもらい自分を支えてもらうために保護者に事情を伝えるのだということが、N男にも理解されてくると思われます。

なお、N男のような比較的低年齢の日常的な問題だけではなく、高校生の自殺念慮のような思春期の深刻な問題に関しても、同様の方法が役に立ちます。ただしその場合、保護者とは、本人にとって味方とは思えない関係になってしまっている場合もあります。ですから、「味方になってもらうために」ということを強調して、何を理解してほしいかを考えるように促します。その上で、自分の理解してほしいことをきちんと理解してもらうには、どんなふうに伝えたらよいのかを考えていくようにします。

第5章

10秒・30秒・3分カウンセリングを支える考え方や理論

二一の事例を通して、どんなふうに投げかけをしたりかかわっていくのか、具体的に見てきました。ここまでのかかわり方の背景に、どのような考え方や理論があるのかということを解説していきたいと思います。

5-1 すべてのかかわり方に共通している考え方

二一の事例すべてのかかわり方の背景にある考え方は、「学校生活全体を通して子どもを支援する」「子どもが問題状況に自分で対処していくことを支援する」「共に眺める関係を保つ」「リソースを活用する」の四つです。これらは、学校で子どもを支援していくときのすべての基本となる考え方だといえます。

1 学校生活全体を通して子どもを支援する

子どもにとって、学校は毎日の日常生活の場です。子どもたちは、学習をするだけではなく、給食を食べたり、休み時間には友達と話したりなど、さまざまな活動をしています。一方では、学校は、大人が子どもを教育する場です。学習はもちろん教育活動ですが、それ以外の場面でも教育活動は行われています。例えば、給食も給食指導という言葉があるように、教育の一環で行われているのです。学校生活全体を通して教育活動は行われ、それによって子どもは成長していくのです。

このことを踏まえて、学校でのカウンセリングを考えていくためには、学校心理学の理論が役に立ちます。学校心理学では、広義のスクールカウンセリングを「子どもが学校生活を通して、人間として発達し、児童生徒として教育を受けながら、さまざまな課題に取り組む過程で出会う問題状況や危機状況の解決を援助し、子どもの成長を促進する援助サービス」と定義しています。そして、広義のスクールカウンセリングは、学校心理学の重要な概念の一つである「心理教育的援助サービス」と同義であるとしています。また、心理教育的援助サービスとは、「一人ひとりの子どもが学習面、心理・社会面、進路面、健康面などにおける問題状況を解決するのを援助し、子どもが成長するのを促進する教育活動である」と定義されています（石隈、一九九九）。

つまり、子どもを支援していくカウンセリングは、カウンセリング室だけで行われるのではなく、学校での活動全体の中で行われているのです。教室や廊下での子どもとのちょっとしたかかわりも、一種のカウンセリングだと考えられるのです。そういった場面でも、子どもをしっかりと支援し、必要があれば個別面接などにつなげていくことが大切だと考えられます。一回きりの、ちょっとしたかかわりで支援が終わるわけではなく、次につなげていくことが非常に重要です。一〇秒のかかわりも、一時間の面接も、すべてが学校生活全体を通して子どもを支援していく一部だといえます。学校生活のすべての場面で支援し、学校生活全体を通して子どもの成長を図っていくことが大切なのです。本書の二一のすべての事例では、こういった考え方で支援が行われています。

例えば、廊下での支援には特有の難しさがありますが、廊下での子どもへのかかわりも支援のチャンスなのです。事例1-7（廊下でのいじめの疑いへの対応）のように、廊下での短いかかわりだけでは支援を完結することはできませんが、次へつなげていくことも意味があると考えられます。

2 子どもが問題状況に自分で対処していくことを支援する

学校でのカウンセリングでは、子どもが直面している問題の解決を目指して支援が行われます。しかし、「問題」には二つの側面があります。一つは、情緒的な苦悩や現実的な困難を引き起こすという否定的な側面です。もう一つは、子どもは「問題」の解決を通して成長していくという肯定的な側面です（石隈、一九九九）。

「問題」が生じなければ、学校生活は楽しいことばかりかもしれません。しかし、本当に「問題」がまったく生じないとしたら、子ども自身が成長するチャンスがなくなってしまうかもしれません。

しかも、「問題」がまったく生じないようにすることは不可能です。例えば、友達とのちょっとしたトラブルも、一種の「問題」です。ちょっとしたことでもトラブルはないほうが子どもは学校生活を楽しめると思われるかもしれません。しかし、ちょっとしたトラブルもまったくなくすことは、不自然ですし不可能です。トラブルを通して学んで成長していくチャンスがなくなってしまうことにもなるのです。

また、「問題」が問題なのではありません。「問題」が問題になってしまう状況が問題なのです。例えば、頭痛で一時間目の授業を保健室で休んだ子どもがいたとします。この場合、頭痛や授業に出られなかったことが「問題」なのでしょうか。

保健室で休んで授業に出られなかったとしても、その授業のノートを友達が見せてくれて、授業の解説をしてくれたとしたらどうでしょう。頭痛で授業に出られなかったということが、それほど「問題」ではなくなります。むしろ、友達からサポートをしてもらったという貴重な体験になるのです。

しかし、反対に、誰もノートを見せてくれず、教えてもくれなかったとしたらどうでしょう。頭痛という「問題」は、学習の不足や友達関係の希薄さなどという、さらなる「問題」につながってしまうかもしれません。

つまり、頭痛そのものが「問題」なのではなく、それが「問題」になってしまう状況が、本当の「問題」なのです。このような意味で、学校心理学では「問題状況」（石隈、一九九九）という言葉を用いています。

こんなふうに、「問題」には子どもを支援していく上で、さまざまな側面があるものなのです。本書でも「問題」そのものが消える、あるいは生じなくなるように、子どもを支援していくことは目指していません。本書では、「問題状況」に子どもが対処することを通して、子ども自身が成長していけるように支援することを目指しているのです。本書のすべての事例でのかかわり方には、この考え方が背景にあります。

例えば、事例2-4（登校刺激をする場合の対応）の〈30秒〉の方法では、登校刺激をしていいかどうかを子どもに聞いています。このかかわり方は、子どもが自分自身の直面する「問題状況」にどのように対処していくのかを、子どもが自分で考えることを促しているという側面があります。事例1-5（スクールカウンセラーに相談に行かせる場合の対応）のように、勧めるときに、子どものリソースと関連づけて勧めたり〈30秒〉の方法）、「あなたの役に立つ」と勧めたりしています〈3分〉の方法）。これは、子どもが自分で「問題状況」に対処することの一部分としてカウンセリングを利用するように促しているのです。

こんなふうに、問題を解決してあげるのではなく、「問題状況」に一緒に対処していくことを通して子どもが成長することを目指しているのです。

3 共に眺める関係を保つ

もともとカウンセリングは、悩みを持った者が自発的に訪れ、その悩みについてカウンセラーに相談するという営みです。その関係は、カウンセラーが解決方法を教えるという関係ではなく、悩みの解決について一緒に考えるという関係です。

一緒に考えるというのは、カウンセラーもクライエントもその悩みを頭の中に思い浮かべ、それについて、一緒に考えているわけです。頭の中に思い浮かべていることは、目には見えませんが、その関係はまるで一緒に映画を見ているような関係です。こういった関係を、ここでは「共に眺める関係」（半田、二〇〇七）と呼びます。

例えば、神田橋（一九九〇）は、カウンセリング（対話精神療法）では、治療者とクライエントが、テーマについて眺め語る関係を保つことが大切であることを指摘しています。また、北山（二〇〇五）も、「共に眺めること」「共に思うこと」「共に考えること」は面接の基本姿勢だと指摘しています。つまり、カウンセリングでは、「共に眺める関係」を保ちつつ、一緒に話し合っていくのです。

では、「共に眺める関係」とは、どのような関係でしょうか。具体的に考えてみましょう。

例えば、子どもがカウンセラーに向かって、「バカ野郎！」と暴言を言ったとします。これは、「共に眺める関係」ではありません。カウンセラーがそのことを受けて、「バカ野郎と言いたいような気分なんだね。すごく腹が立っているのかな?」などと応じた場合はどうでしょうか。この場合は、子どもの内面にある「バカ野郎と言いたい気持ち」や「腹が立っている気持ち」を一緒に眺めようとしています。もし、子どもも「バカ野郎と言いたいくらい腹が立っているんです」と語ることができたら、それは「共に眺める関係」になっているのです。

この関係はカウンセリングの基本となる関係です。そのため、本書では、どの事例でも「共に眺める関係」を保って支援していこうとしています。しかし、「共に眺める関係」をなかなか持てない事例もあります。

例えば、事例1-6（教師への暴言への対応）では、子どもが暴言を投げつけてきますが、それは「共に眺める関係」ではありません。〈10秒〉の方法から〈30秒〉の方法のように、細かな工夫をしつつ「共に眺める関係」へと関係を移行させようとしています。

また、事例1-4（他の先生の悪口への対応）の〈3分〉の方法では、「どんな反論をするのか」を聞いてみることをきっかけにして、子どもの持つ気持ちについて話してもらえるように促しています。子どもの持っている気持ちを「共に眺め」つつ、一緒に考えていこうとしているのです。その他の事例については細かく取り上げませんが、常に「共に眺める関係」を保つように工夫しています。何を一緒に眺めているのか、眺めようとしているのかを考えながら、事例を見直していただけるとありがたいです。

また、実践活動の中で、子どもとの関係に苦労する場合には、この「共に眺める関係」が保たれていない可能性が高いと考えられます。困難な事態に陥っていると感じられる場合ほど、この関係を保つように工夫することが大切です。

4 リソースを活用する

こらむ1（14頁）で説明したように、リソースとは「支援に使える資源」という意味です。すべての事例でリソースを活用して支援が行われています。

例えば、事例1-1（先生に言いつけにくる子どもへの支援）では、A子が他の子どものことをよく見ていることや、担任に言いにくることはリソースとしてとらえられ、それを活用して支援が行われています。

事例１-２（担任の指示にまったく従わない子どもへの支援）では、A男は指示には従わないのですが、授業には参加し、教師ともかかわりを持っています。これらは明らかにリソースです。そのリソースを活用して支援が行われています。繰り返しになりますが、特別に良いことだけがリソースではなく、小さなことや当たり前のことでも、支援に使うことができるものがリソースです。

また、良いことやできていることが少ない事例でもリソースはあり、それを活用して支援を行うことができます。例えば、事例２-３（長期化した不登校への支援）では、半ば引きこもり状態になっており、外出もしていません。しかし、担任には会うことができていますし、担任からの質問に考えたり答えたりしています。これらのすべてがリソースです。そしてそれを活用して支援が行われています。

また、一見悪いことや問題行動ととらえられることであっても、リソースとしてとらえることができれば、支援に活用することができます。例えば、事例１-６（教師への暴言への対応）では、C男が教師に対して暴言を投げつけています。暴言を投げつけたという問題行動も、一種のリソースです。それがあったから、そのきっかけを使ってC男にかかわっていくことができるからです。

以上のように、すべての事例にリソースはあり、リソースを活用して支援が行われています。支援が行き詰まってしまった場合には、リソースを探してみることをお勧めします。

5-2 いくつかの事例に関係している考え方

各事例での働きかけ方については、各事例で解説しました。ここでは、いくつかの事例で共通している考え方について、解説していきます。

1 支援者自身が楽に

子どもを支援していくときに、支援者自身にとって無理なことを続けるのは、必ずしも良いことではありません。支援が長続きしない可能性もあります。それだけではなく、支援者が無理をしていることは子どもにも伝わって、子どもにマイナスの影響を与える危険性もあるのです。そのため、支援者自身が楽になる、無理のないかかわり方を工夫するべきだと思われます。支援者自身が楽に支援していけるということは、すべての場合できわめて大切なことだと思います。では、どんな場合に、子どもの支援をすることが支援者自身にとって楽ではなく大変だと感じられるのでしょうか。その一つは、支援する側の安全安心が保たれていない場合です。また、どのように支援していけばよいかがわからなくなってしまう場合も、楽ではなく大変さを感じてしまうでしょう。さらには、自分ばかりが考えたり動いたりしていて、子どもが自分から考えたり動いたりしない場合も、大変さを感じると思われます。また、支援を続けていてもそれが効果的でないと感じられる場合に、楽ではなく大変さを感じてしまうことも自然なことだと思います。他にもまだまだ大変さを感じる場合はあるかもしれません。

では、どうすれば支援者自身が楽に子どもを支援していけるようにできるでしょうか。大変さを感じる場面は、いろいろですから、一つの方法で必ず自分が楽になるという方法はありません。一つ一つ見ていきたいと思います。

支援者の安全安心が脅かされている場合には、子どもを支援することよりも、支援者自身の安全安心を確保する必要があります。その一つの方法は、主導権をとることです。協力関係が確立している場合には、主導権は必ずしも必要ありませんが、対立関係に陥りそうな場合には、主導権をとることが支援者の安全安心に役立ちます。このことが関連しているかかわり方は、事例１-６（教師への暴言への対応）の〈10秒〉の方法、事例４-１（保護者からのクレームへの対応）の〈30秒〉の方法です。

また、どのように支援していけばよいかわからない場合には、自分だけで考えるのではなく、子ども自身に考えてもらうことが役に立ちます。支援の方法や方向性を子どもに考えてもらうのです。このことが関連しているかかわり方は、事例２-４（登校刺激をする場合の対応）の〈30秒〉の方法です。

自分ばかりが動いていて大変さを感じてしまう場合には、子どもから動くように状況を工夫することが役に立ちます。このことが関連しているのは、事例1-3（相談への動機づけの低い子どもとの面接）の〈3分〉の方法です。

支援が効果的でないと感じる場合は、効果的な支援をすることですが、どうすれば効果的になるのかは一概にはいえません。本書の事例では、すべて、効果的な支援をするためのアイデアを提供しています。楽に支援できることにつながるアイデアではないかと考えています。

2 子どもを支援しようとしている自分を正確に表現する

子どもを支援しているときには、支援が行き詰まったり、関係が悪化したりしてしまうこともあります。また、命の危険などの危機に直面する場合もあります。そういった場合には、今生じている出来事や現実を、子どもを支援する立場としても、なかなか受け入れられないことがあります。

例えば、事例3-1（自殺のほのめかしがあったときの支援）のように、自殺したいとの訴えがあった場合には、自殺したいという子どもやその現実を受け入れることが難しいかもしれません。また、事例2-1（家族のサポートが乏しい不登校の子どもへの支援）のように、保護者が当然行うべき子どもへのケアを行わない場合にも、それを受け入れることが難しいかもしれません。そういった場合には、こちらが一生懸命にかかわろうとするほど、子どもや関係者を否定しがちです。そうすると、空回りや逆効果の危険性が考えられる状況です。

このような場合には、事例３-１（自殺のほのめかしがあったときの支援）の〈30秒〉での方法のように、「生きていてほしい」と、子どもを支援しようとしている自分の気持ちを正確に表現することが大切です。「死んではいけない」という言葉で、「生きていてほしい」というこちらの気持ちを表現しがちかもしれませんが、正確ではありません。

「生きていてほしい」というのはあまりにも当たり前のことなので、わざわざ表現しないのかもしれません。しかし、それを伝えないで、「死んではいけない」と表現してしまうと、子どもにはこちらが支援しようとしている思いが伝わりません。子どもを支援しようとしている支援者自身の気持ちや考えを正確に表現することで、子どもも自分が否定されているわけではなく、大切にされているのだとわかってくると思います。

この考え方は、事例２-１（家族のサポートが乏しい不登校の子どもへの支援）や事例３-５（リストカットへの支援）でも背景となって、かかわり方の工夫につながっています。

3 「出来事」「認知」「感情」に分けて理解する

認知行動療法では、基本的な考え方として認知モデルに基づいて事例を理解していきます。認知モデルは、「出来事」が直接的に感情を生み出すのではなく、「出来事」をどのようにとらえるかという「認知」が「感情」に影響を与えているというモデルです（ウエストブルックら、二〇一二）。その理論に基づけば、子どもの話した内容も「認知」と「感情」と「出来事」に分けてとらえることができます。

「認知」とはとらえ方、考え方です。例えば、子どもが「算数の勉強は役に立つ」と話した場合には、「認知」が表現されているととらえることができます。「感情」とは、気持ちの表現のことです。例えば、「算数は好きだ」などと子どもが話した場合には、「感情」が表現されているととらえることができます。子どもが「昨日は算数の授業があった」と話した場合には、「出来事」が表現されたととらえることができます。自分が行動したことは「出来事」つまり事実としてとらえられます。

こんなふうに、「認知」と「感情」と「出来事」に分類しながら話を聞いていくことが大切です。例えば、事例2-2（いじめ被害の訴えへの支援）ではD子は「昨日も、みんなから『役立たず』って言われたんです」と話し、「私がちょっと失敗したら、みんなに『サイテー』って言われるんです」とも話しています。この「『役立たず』って言われた」という言葉は「出来事」として理解することができます。では、「みんなに『サイテー』って言われるんです」という言葉は、どの分類にあてはまるでしょうか。これは事実を表現しているようですが、そういう状況になっているというD子のとらえ方を表現しているのかもしれません。この言葉だけではわかりませんが、「出来事」ではなく「認知」を表現しているのかもしれません。

一般に、他の子どもからの言葉の暴力が続くと「みんなからいじめられる」というとらえ方、つまり「認知」が大きくなってしまいがちです。そうすると、事実としては言葉の暴力が起きていないときにも、何らかのいじめを受けているようなとらえ方が生じがちになってきます。自分の認知に自分が振り回されてしまい、結果的に、いじめから抜け出せなくなる可能性も危惧されます。事例２-２（いじめ被害の訴えへの支援）でも、何度も言葉の暴力を受けたという「出来事」があると思われます。しかし、Ｄ子は「みんなに『サイテー』って言われるんです」と言っていることから、自分自身の「認知」のほうが「出来事」よりも大きくなってしまっているのかもしれません。

また、事例３-２（被害妄想的な訴えへの支援）では、過去の被害体験の記憶が「認知」に影響を与えてしまっているととらえられます。そのため、現在の「出来事」ではなく「認知」のほうがＧ子を苦しめていると考えられます。さらに、事例３-６（現実感の低い話をしてくる子どもへの支援）では、「出来事」よりも「認知」が大きく膨らんでしまっているととらえられます。

このように、「出来事」と「認知」を分けて話を聞いていくと、子どもの話がよりとらえやすくなってくると思われます。その上で、「出来事」と「認知」を分けて子どもにかかわっていくことが重要です。それについては、次の項で説明します。

また、事例２-２（いじめ被害の訴えへの支援）、事例３-２（被害妄想的な訴えへの支援）、事例３-６（現実感の低い話をしてくる子どもへの支援）のどの事例でも、「感情」は言葉として表現されていません。だからこそ、感情の言語化という働きかけが必要になってきます。それについても、別の項で説明します。

4 「認知」と「出来事」を分けてかかわる

前項で書いたように、「出来事」と「認知」を分けて理解することは非常に大切です。ここでは、「出来事」と「認知」を分けてかかわっていくことについて説明します。

以下の二つの文を比較してみてください。

「富士山は日本一高い山です」

「富士山は日本一高い山でした」

二つの文に、どんな印象を持たれるでしょう。後者の「富士山は日本一高い山でした」という文には違和感を持つ方が多いのではないかと予想されます。「でした」と過去形で言われると「今は違う」と言われているような印象を持つからです。現在形の文は、一般的な傾向や一般的な認識（つまり「認知」）を表現していて、言外に「過去も現在も未来もおおむねそうだ」という印象が含まれています。過去形の文は過去の事実関係を表現していて、言外に「過去にはそういう事実があったけれども、現在は違う」という印象が含まれています。「認知」と「出来事」を分けて子どもにかかわっていくためには、こういった過去形と現在形の使い分けをして子どもの言葉に対応していくことが基本になります。

例えば、事例2-2（いじめ被害の訴えへの支援）では「私がちょっと失敗したら、みんなに『サイテー』って言われるんです」とD子は現在形で話していますが、これは先ほども述べたように「認知」という側面が強いと思われます。さりげなく、「『サイテー』って言われたんだね」と応じてから、感情の言語化を行っています。「言われたんだね」と過去形で応じていますので、それは過去の事実で未来には違うかもしれないという印象を与えることができます。もし、「『サイテー』って言われるんだね」と現在形で応じてしまうと、「富士山は日本一高い山です」のように、過去も現在も未来も変わらないという印象を強めてしまう可能性があります。一生懸命にかかわればかかわるほど、D子の被害感が助長されてしまうという危険性が生じてきます。こんなふうに、過去の事実に対応する場合には、過去形で応じるということが基本になります。

この応用ともいえる事例が、事例3-2（被害妄想的な訴えへの支援）と事例3-6（現実感の低い話をしてくる子どもへの支援）です。事実にはできるだけ注目せず、とらえ方つまり「認知」にかかわっていこうとしています。どちらの事例も、子どもが話している内容は、「出来事」ではなく「認知」だと考えられます。しかし、事例では子どもは「出来事」と「認知」を分けることができていません。そして、「認知」を「出来事」として話しています。そのため、単純に「それはあなたのとらえ方や考え方だね」ということを伝えても、子どもにはまったく受け入れられない可能性が高いと思われます。そして、子どもとの関係が切れてしまう危険性もあります。そこで、子どもにも受け入れられる形で、子どもの話を「出来事」としてではなく、「認知」として取り扱っていく工夫をしています。

例えば、事例3-2（被害妄想的な訴えへの支援）の〈3分〉の方法では、現実つまり「出来事」と過去の記憶からくるとらえ方、つまり「認知」とを分けてかかわっていっています。また、事例

3-6（現実感の低い話をしてくる子どもへの支援）の〈10秒〉の方法では、ファンタジーとして扱い、事実とは分けていっています。子どもの話が事実だという姿勢で子どもにかかわっていっても、子どもは「認知」を話しているため、なかなか子どもの変化につながりません。かかわりが空回りしてしまう可能性が高いのです。「出来事」と「認知」を分けることで、子どもの「認知」が少しずつ変化してくる可能性があります。また、こういったことを通して、子どもも少しずつ「認知」と「出来事」を分けていけるようになると考えられます。

5

「感情の社会化」を促す

感情を言語化するというかかわり方は、本書の多くの事例で、何度も出てきました。子どもが困ったことや悩み事に直面している場合には、不快な感情が生じているはずです。しかし、現場の実感では、それが言葉として表現されることはあまりないように思われます。例えば、事例2-2（いじめ被害の訴えへの支援）でも事例3-2（被害妄想的な訴えへの支援）でも事例3-6（現実感の低い話をしてくる子どもへの支援）でも、「感情」は言葉として表現されていません。本書のその他の事例でも、「感情」が言葉として表現されていることは多くはありません。

ところで、大河原（二〇〇七）では、感情が言葉とつながり他者と共有できるというプロセスを「感情の社会化」と呼んでいます。そして、ネガティブな感情（不快な感情）が社会化されていないことが、ネガティブな感情がコントロールできないことにつながっていると指摘しています。

その上で教育に求められることとして、「子どもの身体感覚としての感情と、適切な言葉をつなげること」が重要だと指摘しています。

本書の多くの事例では、子どもが自分の中に生じている不快な感情に振り回されていると考えられます。例えば、事例１-４（他の先生の悪口への対応）では、注意されて生じた不快な感情が先生への悪口という形になって表面化しています。事例３-５（リストカットへの支援）や事例１-６（教師への暴言への対応）でも、不快な感情が、自他への攻撃的な行動として表面化しているととらえられます。こういったことから、多くの事例で「感情の社会化」を促すために、感情を言語化するという働きかけが必要となっているのです。

感情の言語化そのものは、難しいかかわりではありません。子どもが感じているであろう感情を、言葉として投げかけてみることが基本的な方法です。その場合に、非難したりバカにしたりする雰囲気ではなく、あたたかく穏やかな雰囲気で投げかけてみることが大切です。「つらかったね」「悲しいね」などと感情を表現する言葉を投げかけてみることです。例えば、事例３-３（自分の非を認めようとしない子どもへの支援）の〈30秒〉の方法でも、「びっくりしたね」「水槽が割れて悲しかったね」と感情を言語化できるよう働きかけています。

なお、「それはひどいね」というのは、感情の言語化ではありません。感情は子ども自身の中に生じるものなので、主語は必ず子どもになります。「それはひどいね」というのは、「状況」がひどいということなので、状況に対するとらえ方や考え方（つまり「認知」）が表現されています。また、同様に「ムカつく」という言葉も、感情表現とはいえない場合が多いものです。子どもが使う「ムカつく」という言葉をよく聞くと、「あいつはムカつく」とか、「状況がムカつく」と言っていることが多いと感じます。つまり、相手や状況に対するとらえ方や考え方なのです。「すごく腹が立つんだね」などと言い換えて、感情を言語化してみることが必要だと思われます。

6 肯定的な働きかけをする

子どもが問題に直面していたり、子どもの言動によって問題が生じたりしている場合には、その問題や子どもの言動をなくそうとしてかかわることが多いかもしれません。例えば、事例1-1（先生に言いつけにくる子どもへの支援）では、A子が友達のことを担任まで言いつけにきていました。それをやめさせようとするかかわりは、必ずしもうまくいきませんでした。問題や問題にかかわる子どもの言動をなくそうとするかかわりは、子どもには、自分を否定されているようなニュアンスとして伝わるのだと思います。こちらが一生懸命にかかわればかかわるほど、子どもは自分を否定されたように感じ、かえって逆効果になってしまう危険性が生じます。

事例1-1（先生に言いつけにくる子どもへの支援）の〈10秒〉の方法では、担任に言いつけてくるのをやめるように働きかけるのではなく、良いことを見つけて報告するように働きかけています。「言わないように」ではなく、「言うように」働きかけているのです。

また、事例1-8（相談室から生徒を教室へ戻らせる対応）では、教室へなかなか帰らない生徒に対して、「早く戻るように」という指導が逆効果になっていました。「教室へ戻りなさい」という働きかけは、子どもを拒否したり否定したりしているわけではありません。しかし、子どもは追い出されるように、つまり自分を否定されたように感じたのだと思われます。この事例の〈10秒〉の方法では、子どもに「戻るように」働きかけるのではなく、「また来るように」働きかけています。

どの事例でも、問題や問題にかかわる子どもの言動をなくすようにではなく、子どもの良い行動を増やすように働きかけているのです。その他のいくつかの事例でも、同じ考え方を背景として働きかけ方の工夫を行っています。例えば、事例３-４（不定愁訴への対応）での〈30秒〉の方法や事例１-６（教師への暴言への対応）での〈10秒〉での方法も、肯定的な働きかけを工夫したものです。

子どもへの支援が行き詰まってしまったり、関係が悪化してしまったと感じた場合には、肯定的な働きかけを心がけることをお勧めします。

文献

池見酉次郎・杉田峰康（一九九八）『セルフコントロール―交流分析の実際』創元社
石隈利紀（一九九九）『学校心理学―教師・スクールカウンセラー・保護者のチームによる心理教育的援助サービス』誠信書房
石隈利紀（二〇一三）「子どもの欲求（wants）とニーズ（needs）」水野治久・石隈利紀・田村節子・田村修一・飯田順子編著『よくわかる学校心理学』ミネルヴァ書房、12頁
デヴィッド・ウエストブルック、ヘレン・ケナリー、ジョアン・カーク（二〇一二）『認知行動療法　臨床ガイド』下山晴彦監訳、石丸径一郎・小堀彩子・高橋美保・袴田優子・松澤広和・森田慎一郎訳、金剛出版
大河原美以（二〇〇七）『子どもたちの感情を育てる教師のかかわり―見えない「いじめ」とある教室の物語』明治図書
神田橋條治（一九九〇）『精神療法面接のコツ』岩崎学術出版社
北山修（二〇〇五）「共視母子像からの問いかけ」北山修編『共視論―母子像の心理学』講談社
黒沢幸子（二〇一二）『ワークシートでブリーフセラピー―学校ですぐ使える解決志向&外在化の発想と技法』ほんの森出版
田村節子（二〇一五）「子ども参加型援助チームモデルの開発―発達障害のある子どもに焦点をあてて」科研費平成二四～二六年度基盤研究C、研究課題番号：２４５３１２６２（http://www.tsu-itc.org/kaken/s-tamura2014/result.html）
原仁 責任編集（二〇一四）『最新 子どもの発達障害事典』合同出版

半田一郎（二〇〇七）「同じものを同じように『ともに眺める関係』」『月刊学校教育相談』五月号、21（6）、26‐29頁
東豊（二〇一三）『リフレーミングの秘訣―東ゼミで学ぶ家族面接のエッセンス』日本評論社
松本俊彦（二〇一五）『もしも「死にたい」と言われたら―自殺リスクの評価と対応』中外医学社
森俊夫（二〇一五）『ブリーフセラピーの極意』ほんの森出版
文部科学省（二〇〇九）「教師が知っておきたい子どもの自殺予防」（http://www.mext.go.jp/b_menu/shingi/chousa/shotou/046/gaiyou/1259186.htm）

あとがき

本書では、二一の事例で六〇のかかわり方の工夫について紹介しました。どれも知っていて、思い出すことさえできれば使えるような小さな工夫です。ぜひ、ご自分の実践活動の中でご活用ください。

もちろん、ここで紹介した方法を使えば支援が必ずうまくいくという保障はありません。支援活動のアイデアは、やってみるまでうまくいくかどうかはわからないものです。また、ここで紹介した方法は、私にとって役に立った方法です。つまり、私という人間に合った方法だともいえます。みなさん、一人一人個性を持っています。ある人に合った方法が、別の人にも合うとは限りません。

それでもみなさんに使っていただくようお勧めするのには、理由があります。

まず、六〇の工夫の中には、いくつか必ずやしっくりとくる工夫があることと思います。そして、使ってみて違和感を持ち、自分自身の中に「気づき」が生じるものもあると思います。その「気づき」は、その人自身のものです。その「気づき」こそが、次の実践の中で生きてくるのだと考えています。

最後になりましたが、本書を世に出すにあたり、今まで私に声をかけ、話しかけ、質問してくださったすべての方に感謝を申し上げます。

本書で紹介した数々の工夫は私の力で生まれてきたものではなく、すべて誰かが私に示唆し、伝え、教えてくださったものです。しかし、そのほとんどは、もともとの形で残っておりません。私が現場で苦労し、工夫し続ける間にこなれていって、今の形になりました。かつて私がいただいたものを、本書を通して次の誰かに渡していくことができるのだと思うと、本当にありがたいことだと感じております。

ほんの森出版の小林敏史氏には、大変お世話になりました。以前から『月刊学校教育相談』に掲載する原稿を何度も依頼してくださったことは、私の財産になりました。常に「書きたい」と思う企画をご提案いただけるので、それに触発されて私も自分の力以上のものを出すことができたと感じております。

本書の企画も、声をかけていただいた瞬間から「書きたい」という気持ちを強くかき立てられる企画でした。この場を借りて深く感謝申し上げます。

二〇一六年一〇月

半田　一郎

〈著者紹介〉

半田 一郎（はんだ いちろう）

子育てカウンセリング・リソースポート代表カウンセラー

茨城県公立学校スクールカウンセラー

公認心理師　臨床心理士　学校心理士スーパーバイザー

1969年、高知県生まれ。1995年より現在までスクールカウンセラーとして51校の小中高校で活動してきました。

学校現場では、自分という存在は本当に小さな存在だと感じます。そんな自分が、子どもたちや保護者の皆さんや先生方の役に立つ活動をしていくためには、日々「小さな工夫」を重ねていくことが大切だと感じています。

【おもな著書】

『スクールカウンセラーと教師のための 「チーム学校」入門』日本評論社、2020年（編）

『一瞬で良い変化を起こす　カウンセリングの“小さな工夫”ベスト50―すべての教師とスクールカウンセラーのために』ほんの森出版、2019年

『チーム学校での効果的な援助―学校心理学の最前線』ナカニシヤ出版、2018年（分担執筆）

一瞬で良い変化を起こす

10秒・30秒・3分カウンセリング

すべての教師とスクールカウンセラーのために

2017年1月10日　初　版　発行
2021年9月25日　第5版　発行

著　者　半田一郎
発行人　小林敏史
発行所　ほんの森出版株式会社
〒145-0062　東京都大田区北千束3-16-11
TEL 03-5754-3346　FAX 03-5918-8146
https：//www.honnomori.co.jp

印刷・製本所　研友社印刷株式会社

ISBN978-4-86614-103-9　C3011